优先权与中国民法典

The Priority Right

And China Civil Code

辜江南◎著

人民法院出版社 | People's Court Press

图书在版编目（CIP）数据

优先权与中国民法典 / 辜江南著. -- 北京 : 人民法院出版社, 2019.12

ISBN 978-7-5109-2725-6

Ⅰ. ①优… Ⅱ. ①辜… Ⅲ. ①民法—研究—中国 Ⅳ. ①D923.04

中国版本图书馆CIP数据核字（2019）第276309号

优先权与中国民法典

辜江南 著

策划编辑 李安尼 **责任编辑** 张 怡
出版发行 人民法院出版社
地　　址 北京市东城区东交民巷27号（100745）
电　　话 （010）67550691（责任编辑） 67550558（发行部查询）
65223677（读者服务部）
客 服 QQ 2092078039
网　　址 http://www. courtbook. com. cn
E－mail courtpress@ sohu . com
印　　刷 河北鸿祥信彩印刷有限公司
经　　销 新华书店

开　　本 787毫米×1092毫米 1/16
字　　数 163千字
印　　张 12.75
版　　次 2019年12月第1版 2019年12月第1次印刷
书　　号 ISBN 978-7-5109-2725-6
定　　价 42.00元

目 录

第一章 导论

本章作为开篇，主要分析选题背景与选题意义，综述国内外文献，提炼研究内容和研究方法，梳理研究思路，指出本研究的创新点等，为全文的研究奠定基础。

第一节 选题背景及研究意义

一、选题背景

民法典编纂已进入分则阶段，一个重大的理论和实践问题横在物权编和债权编面前：如何安排担保物权和优先权。十五年前，物权二元理论提出“担保物权不是物权”，不应放在物权法中[①]，响应寥寥，中国物权法沿袭

① 孟勤国：《物权二元结构论——中国物权制度的理论重构》，人民法院出版社 2002 年版，第 340 页。

了担保物权模式。近年来，不少学者认为“担保物权不是物权”[①]，呼吁应从物权法编分离，在法国民法典修改拟将担保权单列[②]的背景下具有发人深省的意义，值得立法机关高度重视。但是，无论是大陆法系还是英美法系，在传统意义上的担保物权之外，还存在类型不一的优先权，这些优先权与担保物权有千丝万缕的联系，如果不和担保物权一并考虑，即便担保权独立成编，优先权如何安排依然是个问题。另外，即便是维持中国物权法的现有模式，同样存在优先权如何安排的问题。因而，就立法机关而言，无论采信哪种观点和建议，都应专题研究优先权进而作出相应的选择。

二、研究意义

本研究的意义是为我国民法典彻底解决我国债权冲突问题提供了具体而详尽的立法参考建议。具体而言，有以下四个方面：

1. 我国民法典应借鉴意大利优先权模式，实现优先权独立成编。自罗马法以来，无论是继受罗马法的法国优先权模式还是德国优先权模式都是担保权模式。在担保权模式下，优先权被定性为担保权的一种。1804 年

① 江平教授、李开国教授和何山教授等均主张担保权不是物权，武汉大学张里安教授也认为担保权放在物权中很成问题。冯桂、蒙晓阳、张海龙：《中国物权法理论研讨会会议综述》，载《法学评论》2004 年第 5 期。物权之概念本不应包括担保物权。董学立：《也论“后让与担保”——与杨立新教授商榷》，载《中国法学》2014 年第 3 期。日本名古屋大学加贺山茂教授即主张：“担保物权不是物权，不只是为担保债权的实现，根据法律，或者根据当事人的合意和公示，对一定的债权赋予优先清偿权的权能，并不是与债权不同地另外存在着担保物权这一物权。”高圣平：《大陆法系动产担保制度之法外演进对我国物权立法的启示》，载《政治与法律》2006 年第 5 期。传统民法中所谓的担保物权其实并不是物权。王明锁：《论物权法对和谐社会构建的价值意义——兼谈物权法之主要缺憾》，载《河南省政法管理干部学院学报》2009 年第 3 期。

② 李世刚：《关于法国担保制度的改革》，载《法律与政治》2007 年第 3 期。

《法国民法典》将优先权归入物权法领域，具有违背物权特定和公示信用的缺陷，2006年法国优先权实现独立成编，但仍具有上述缺陷。德国优先权模式依物权优先于债权原则将物权性优先权归入物权法领域，将债权性优先权归入债权法领域，具有效力低下的缺陷。而《意大利民法典》将担保权定性为优先权的一种，实现独立成编，有效地克服了法国优先权模式和德国优先权模式的弊端，解决了意大利社会的债权冲突问题，于我国民法典优先权模式具有借鉴价值。

2. 界定我国民法典优先权的含义。通过梳理和比较分析罗马优先权、法国优先权、德国优先权及意大利优先权的含义，只能得到德国优先权、法国优先权、意大利优先权和美国优先权的定义，这些定义能帮助我们了解和分析特定国家的优先权，但不足以指引中国民法典处理优先权问题。但无论如何不同，各国和地区的优先权都有一个目的，即解决债权冲突。由此，笔者认为，中国的优先权应该定义为“权利人按照法律规定的顺序对债务人财产享有的优先受偿权”。这一定义有两个要点：首先，优先权以债权冲突为基础。其次，优先权是优先受偿权，是独立于特定债权的权利。

3. 厘定我国民法典优先权的本质。现代优先权不是罗马、法国、德国优先权，而是意大利优先权，是指权利人按照法律规定的顺序对债务人财产享有的优先受偿权，其本质上也不是债权、物权、债权物权化、权利保护方法，[①] 而是顺序权，是一种独立于物权和债权的民事权利。

4. 试拟优先权草案建议稿。我国优先权种类的缺失使我国债权冲突问题游离于法律之外，也导致了贫富差距、社会不公、弱势群体出现等一系列经济和社会问题，由此根据我国国情和现实阐释了我国应增加优先权的种类，并按法律规定的顺序对优先权种类进行排序，建构了具有九个等级

① 宋宗宇：《优先权制度研究》，法律出版社2007年版，第78~80页。

的优先权排序规则体系，于本书末，试拟了我国优先权草案建议稿。

第二节 国内外文献研究综述

国内外学者主要对优先权的嬗变、概念与性质、优先权的冲突与衡平、优先权的价值与功能及我国优先权制度的建构等内容进行了深入研究。

一、优先权的嬗变

优先权及优先权制度历史悠久，源远流长。自罗马法以来，它在大陆法系和英美法系中形成了统一优先权制度和优先权替代制度。尤其是它在大陆法系民法中尽管占有一席之地，但就其地位和作用而言，无论在理论上还是实践中均难以一言以蔽之。这首先是因为，优先权概念及其制度在大陆法系各国和地区的民法中并不是统一的，且在不同时代、不同国家有着深刻的差异。这不仅反映在大陆法系各国和地区的规定中，还表现在学者们的理论中。在有关优先权的法律中，各种构成现代民法本质的线索如此紧密和错综地交织在一起，恐怕法律的任何其他领域都无法与之相比。罗马法定抵押权制度、日耳曼抵押权制度、所有权制度、担保物权制度和自然法思想、理性主义哲学、学说汇纂派理论、平等原则、公示原则以及社会变革等都曾影响优先权制度，使其呈现出神秘面纱下异常复杂的面孔。优先权概念及优先权制度的嬗变，即是印证。正如美国著名法学家霍姆斯所言："要理解法律是什么，我们必须了解它以前是什么，以及它未来会成为什么样子。我们必须交替地参考历史和现有的立法理论。但最困难的工作是要理解，两者在每一个阶段如何结合在一起产生出新的东西。"[①]

一般认为，近现代优先权制度起源于罗马法。但罗马法中并未出现"优先权"的字眼，自然不存在优先权的概念。只是学者们通过考究罗马法上最初设立的嫁资法定抵押权和被监护人法定抵押权等之后，认为优先权为罗马法上之创制。[②]法定抵押权是为了特定目的，出于立法政策上的考虑而设立的一项特殊抵押权。有一般法定抵押权和特定法定抵押权两种。前者是指以债务人的全部财产作为法定抵押权标的的抵押。如国库因债务人拖欠赋税或因其他契约发生的债权而对于债务人的全部财产的法定抵押权。后者是指以债务人的特定财产作为法定抵押权标的的抵押。如土地出租人对佃户在土地上收获物的法定抵押权。[③]二者的根本区别在于客体的不同。其主要特征是"特权"和"特定目的性"。"特权"（privilegium），最初的确为罗马皇帝或大法官赋予之"特权"，其在罗马法上通常被理解为对一个人或一个阶层的照顾性条件，或对其负担或其他义务性规则的豁免。而特权之本质为主体间的不平等，法定抵押权创设的目的恰恰是以"特权"形式恢复原本地位不平等当事人间应有的平等。[④]"特定目的性"亦称价值功能，是指法定抵押权创设目的"有为立法者之创造，有基于应事实之需，有为公平正义之实现，有为社会政策之实现，有为保护弱者之需"[⑤]。此两大特征是罗马法上的法定抵押权与约定抵押权区分的关键所在。但二者均产生于

① ［美］小奥利弗·温德尔·霍姆斯：《普通法》，冉昊、姚中秋译，中国政法大学出版社 2006 年版，第 1 页。

② 金世鼎：《民法上优先受偿权之研究》，载《民法物权论文选集（下）》，台湾地区五南图书出版公司 1985 年版，第 902 页。

③ 曹艳芝：《优先权论》，湖南人民出版社 2005 年版，第 27 页。

④ ［意］彼德罗·彭梵得：《罗马法教科书》，黄风译，中国政法大学出版社 1992 年版，第 12 页。

⑤ 金世鼎：《民法上优先受偿权之研究》，载《民法物权论文选集（下）》，台湾地区五南图书出版公司 1985 年版，第 902 页。

财产利用的事实，此处的“财产利用”是指债务人的财产用于清偿到期未履行的债务的事实。若存在此事实，债权人基于债权平等原则享有就其出卖的价金优先受清偿的权利，便产生罗马法上的约定抵押权和质权。若基于“特权”和“特定目的性”享有就其出卖的价金优先受清偿的权利，便产生罗马法上的法定抵押权。故此，“债务人的财产用于清偿到期未履行的债务”的事实和“特权”与“特定目的性”基本上构成了近代优先权概念的基本含义。

以法定抵押权来表达债务人的财产用于清偿到期未履行的债务的事实及其法律性质奠定了近代优先权制度两千多年历史的基础。这无疑是罗马法学家对人类法律文明的一个杰出贡献。在罗马法上，法定抵押权首先被限定为债务人的财产用于清偿到期未履行的债务，并基于习惯、大法官的创设和皇帝的敕令就有了包括嫁资法定抵押权和被监护人法定抵押权在内的法定抵押权。若不存在债务人的财产用于清偿到期未履行的债务的事实，便无法定抵押权。这表明，罗马法时代对法定抵押权的理解首先是以债务人的财产用于清偿到期未履行的债务这一事实的直观认知为前提和基础。在罗马法时代，婚姻实行嫁资制度。[①] 当淳朴的风俗被厚颜无耻的堕落所侵袭时，离婚日趋频繁，嫁资归丈夫所有的做法引发诸多社会问题。而且，随着社会财富的增加，嫁资甚巨，甚至出现借结婚骗取妇女财物的怪异现象[②]。于是，罗马法赋予离婚妇女可提起“要式口约诉”，即丈夫到期未清偿包括嫁资在内的债务损害离婚妇女和其他债权人的债务时，离婚妇女与丈夫的其他债权人基于债权平等原则享有对其丈夫的财产受偿的权利。因

---

① 嫁资（Dos 或 Resuxoria）系指在此名义下转移给丈夫的财产。嫁资最初是女方对男方的赠与，其所有权属于丈夫，他可以自由处分，也不负返还之义务。周枏：《罗马法原论（上册）》，商务印书馆 1994 年版，第 190 页。

② 周枏：《罗马法原论（上册）》，商务印书馆 1994 年版，第 193 页。

此，嫁资法定抵押权的雏形“要式口约诉”首先把握了法定抵押权问题的客观性。因其无法保障离婚妇女的权益，大法官创设了“妻财诉”，即离婚妇女对丈夫的所有债权人来说享有“索要优先权”，甚至包括对那些用嫁资款购买的物品。[①]之后，只要婚姻关系因离婚或丈夫死亡而终结，妻子就可以在无须任何明确协议的情况下，通过“索要优先权”要求返还嫁资。这样，以维持婚姻生活为目的的古典嫁资制度真正开始并逐渐发展成为一种“特权”。到查帝一世时，离婚妇女还可提起“物件返还诉讼”，享有对现存嫁资的优先抵押权和对丈夫全部财产的法定抵押权。而后者为优先抵押权，其顺序在丈夫所有抵押权之先。[②]至此，罗马法上的嫁资法定抵押权正式诞生，首次确立了一个与债权平等原则相悖的优先受偿理念，开创了基于法律规定的债权不一定平等受偿的先河。[③]这也预示着，尽管罗马法发展的初期阶段，所有权是唯一的物权形态，[④]但随着罗马私有制经济的发展，财产利用的时有发生，罗马法也诞生了包括信托、质权和抵押权在内的担保物权制度。[⑤]因抵押权克服了质权限制质物价值充分利用的缺陷，逐渐成为罗马法上担保物权的主要形式。加之以法定方式设定抵押权主要是后古典法时期罗马皇帝的产物。[⑥]结果，根据私有制的需要而对债务人的财产用于清偿到期未履行的债务的事实进行定性和解释，无不受抵押权制度和皇帝立法的影响和支配。嫁资法定抵押权于是被归入财产利用领域而与抵押权联系在一起，从而有了“特权”和“特定目的性”的法律性质。“特权”和“特

---

① ［意］彼德罗·彭梵得:《罗马法教科书》，黄风译，中国政法大学出版社 1992 年版，第 163 页、第 166 页。

② 周枏:《罗马法原论（上册）》，商务印书馆 1994 年版，第 162 页。

③ 宋宗宇:《优先权制度研究》，法律出版社 2007 年版，第 8 页。

④ 王闯:《让与担保法律制度研究》，法律出版社 2000 年版，第 59~60 页。

⑤ ［英］巴里·尼古拉斯:《罗马法概论 》，黄风译，法律出版社 2004 年版，第 164 页。

⑥ ［英］巴里·尼古拉斯:《罗马法概论 》，黄风译，法律出版社 2004 年版，第 94 页。

定目的性”成为嫁资法定抵押权的主观要件，就划定了嫁资法定抵押权的范围，并使之成为附属于抵押权的法律问题。因法定抵押权只发生在具有“特权”和“特定目的性”的场合，其他“债务人的财产用于清偿到期未履行的债务”的事实基于债权平等原则只能被认定为罗马法上的约定（意定）抵押权和质权。故此，法定抵押权的适用范围就相当有限，其重要性也远不及罗马法中的约定抵押权和质权两大担保制度。

毫无疑问的是，其所孕育的优先权观念对后世的影响深刻而广泛。世界各国和地区在继受罗马法时，尤其是在19世纪、20世纪资本主义法典编纂时期，尽管对其持有了不尽相同的立法态度，但最终还是形成了大陆法系模式和英美法系模式。前者包括法国模式和德国模式两种。

法国模式系指以《法国民法典》为蓝本形成的“法国法系”，由于深受其影响基本上规定了统一优先权制度，如日本民法、意大利民法等。法国首次在民法典中确立了统一优先权制度。1804年之前，罗马法的继受使法兰西的抵押权制度完全倾覆，其结果导致了以罗马法为蓝本的新的抵押权制度建立，在这一制度中，公示原则和特定原则被完全忽视。① 而且，受19世纪欧洲大陆绝对主义认识论和形而上学世界观为特征的理性主义哲学的影响，法国民法的立法者遵守绝对严格主义，力图从司法过程中完全排除法官的自由裁量权的因素，② 借以实现法国大革命所宣扬的平等原则和所有权绝对原则。而罗马法上的法定抵押权制度恰好迎合了当时法国社会经济的需要，也弥补了法国抵押权制度的缺陷。于是，法国立法者基于立法政策的考量将其改造为优先权和法定抵押权。结果，《法国民法典》首次明定优

① 许明月：《抵押权制度研究》，法律出版社1998年版，第14页。
② 刘小光：《优先权制度的历史考证与分析》，载《法学论坛》2005年第5期。

先权概念，[①]并“基于法国旧法上逐渐出现了把财产拨归清偿某些债权的概念和公证文书”[②]的传统赋予担保物权性质，实现了其法典化和体系化，开创了法国优先权统一解决特别债权优先受偿的一元模式。虽然罗马法上的“特权”演变为“法定性”（立法创设），但“法定性”和“特定目的性”仍为优先权的主观要件。正如有学者所言：“如果博大精深的罗马法孕育了优先权的观念并由此形成了法定抵押权制度，那么完整的系统的优先权制度的形成确立应归功于《法国民法典》。”[③]但《法国民法典》存在一般性适用条款缺失、法定抵押权与优先权的调整范围有所重复、顺位与效力未统一规定等缺陷。与法国相比，日本可谓集大成者。《日本民法典》虽属于德国法系，却借镜法国优先权制度，尤其是对公示制度进行修正的有益经验，[④]并加以改造，将优先权改名为先取特权，赋予担保物权性质，明定于物权篇，也确立了优先权一元模式。“法定性”和“特定目的性”仍为主观要件。尽管克服了法国优先权制度的缺陷，一般先取特权也不具有特定性和追及性。[⑤]除法国和日本之外，法国法系民法也基本上确立了优先权一元模式，但立法例、概念、性质、种类、效力有所不同。[⑥]主观要件也有所突破，还以“意

① 优先权系指为按照债权的性质，给予某一债权人优先于其他债权人，甚至抵押权人而受清偿之权利。

② 宋宗宇：《优先权制度研究》，法律出版社 2007 年版，第 11 页。

③ 吴汉东：《私法研究（第 3 卷）》，中国政法大学出版社 2003 年版，第 87 页。

④ 许明月：《抵押权制度研究》，法律出版社 1998 年版，第 21 页。

⑤ 梁慧星、陈华彬：《物权法》，法律出版社 1997 年版，第 22 页。

⑥ 就性质而言，《意大利民法典》与《法国民法典》相比，不同之处大致在于前者中的优先权在性质上相当于优先受偿权，包括质权、抵押权及先取特权三种。其中，先取特权的内涵与法国法上优先权概念内涵相同。除此之外，还否认一般先取特权对不动产的效力，即在不动产上仅有例外规定且仅一般债权人享有先取特权（第 2776 条），但动产特别先取特权与法国民法典规定相同。同样，与《法国民法典》相比，《荷兰民法典》在优先权的效力上规定，除有明确相反的规定外，质权及抵押权均优先于优先权，这有别于《法国民法典》的规定。另外，《智利民法典》和我国澳门特别行政区民法典均在债法中规定了优先权或优先受偿权，也有别于《法国民法典》的规定。

定性”（约定创设）为主观要件，《意大利民法典》即是实例。[①]

而德国模式系指以《德国民法典》为代表，瑞士、我国台湾地区等国家和地区民法中的优先权替代制度的总称。德国、瑞士即是典范。德国首次确立优先权替代制度。《德国民法典》颁布之前，仍开展对罗马法的大规模的继受运动。但戏剧性的一幕出现了，罗马法上的优先权观念在德国却黯然失色。因为，17 世纪德意志对罗马法的继受颠覆了德意志法上所固有的健全法律思想，消灭了德意志法上所重视的公示原则传统，甚至继受的抵押权也不伦不类，出现了法律移植水土不服的现象。罗马法只能成为德意志普通法，成为大多数地方的特别法的基础。到 18 世纪，随着德国社会融资从以前短期的消费融资向长期的生产性融资转变，德国社会生活更注重抵押权的安全性，也更凸显抵押权的投融资媒介作用，这就使普通法中抵押权制度所固有的非公示性缺陷暴露无遗，完全与德国经济生活的客观需要背道而驰，进而遭到了立法改革的围攻，罗马法上的法定抵押权制度几乎被完全遗弃。于是，立法者把胜利的曙光投向了源于日耳曼法的德国固有的抵押权制度，并按照德国严格规则主义立法传统加以改造，于 1772 年和 1750 年分别颁行了最为重要的抵押权和破产令、抵押权令。最终注重公示原则的日耳曼法上的抵押权制度战胜了罗马法上的抵押权制度，成为德国法上的抵押权制度。结果，《德国民法典》并未创设法国法上的统一优先权制度。但这并不意味着德国民法对优先权制度所调整的社会关系置之不理，事实上，德国法创设了包括法定质权、在诉讼法及破产程序法中的禁止扣押及扣押保护制度、清偿顺序制度、特别法上优先权制度等在内的优先权替代制度，仍以“法定性”和“特定目的性”为主观要件，开创了法定担保物权加优先破产债权来解决特别债权优先受偿的二元模式，但存

---

① 费安玲、丁玫译:《意大利民法典》，中国政法大学出版社 1997 年版，第 721~741 页。

在缺乏体系性和效力低下两大缺陷。正如有学者所言，“在任何一个市场经济达到相对成熟阶段的社会中，对于某一特定的社会问题，都存在相同的社会需求，只是满足这一需求的法律制度不同而已。”[①] 与《德国民法典》相比，《瑞士民法典》基于私法传统和社会生活的需要也未设立统一优先权制度，但也确立了优先权替代制度的二元模式，还在第 841 条规定了优先权，将其性质定位为优先受偿权，仍以“法定性”和“特定目的性”为主观要件。同样，我国台湾地区也未在担保物权中规定统一优先权制度，而仅在一些特别法中明定了一些具体的优先权。[②] 值得注意的是，德国模式中的优先权替代制度的基本功能的实现不仅依赖债权的特殊效力，还依赖法典中数处规定的法定质权的实现。虽其源于日耳曼的抵押权制度，但罗马的法定抵押权及其孕育的优先权观念也有一定继受，在立法中也有所体现。[③]

英美法系模式是以美国为代表，英国等国民法（商法）中优先权（Lien）替代制度的总称。[④] 英国和美国即是典型。其中，美国优先权替代制度颇具特色。美国法肇始于英国在 1607 年统治弗吉尼亚詹姆斯敦时所适用的判例法和成文法，在独立战争以后，进一步加以继承发展。[⑤] 特别是进入 21 世纪后，普通法缺乏法律适用的统一性，不同地区差异性也越来越严重，难以适应经济发展的需要，颁行了《美国统一商法典》《美国破产法》等一系列成文法。最终，与德国一样，美国确立了优先权替代制度的二元

---

① 郭明瑞、仲相、司艳丽：《优先权制度研究》，北京大学出版社 2004 年版，第 150 页。

② 谢振民：《中国“民国”立法史（下）》，中国政法大学出版社 2000 年版，第 760 页。

③ 比如，《瑞士民法典》第 821 条规定的优先权。

④ 优先权（Lien），系英美法系所特有的具有担保功能的制度，是指为担保债务或义务的履行而在他人财产上设定的负担或担保。其近似于我国《担保法》上的物的担保，但种类还包括税收优先权和判决优先权等。郑天娇：《美国优先权制度研究——兼议对中国法的借鉴意义》，吉林大学 2009 年博士学位论文，第 26 页。

⑤ ［美］伯纳德·施瓦茨：《美国法律史》，王军等译，中国政法大学出版社 1990 年版，第 19 页。

模式，即物权性优先权规定于《美国统一商法典》，而美国法中法定担保制度也无法像德国一样解决与特定财产无牵连的特殊债权的优先权问题，而是由《美国破产法》等程序法来加以解决。除以“意定性”为主观要件外，仍以“法定性”和“特定目的性”为主观要件。然而，《美国统一商法典》和《美国破产法》中优先权（Lien）的概念也不尽相同。[①]在学理上，美国学者对优先权（Lien）概念可谓众说纷纭。[②]我国有关字典和一些学者也进

① 前者是指为担保债务的清偿或义务的履行而在货物上设定的负担或者对货物享有的权益。U.C.C. § 2A—101（r）. 后者是指为担保债务的清偿或义务的履行而在财产上设定的负担或对财产所享有的权益。并在该法第 507 条共列举有破产费用、工人工资等九类优先受偿的债权。Bankruptcy Code §（1）(37）.

② 惠特克认为，Lien 概念系指，一个人在某些情形下扣留置于其占有下的他人财产直至其某种正当合法要求得到满足的权利。“The right which one person in certain cases possesses of detaining property placed in his possession belonging to another，until some demand，which the former has，be satisfied.” Note，The Doctrine of Lien，15 Law Mag. Quart.Rev.Juris.60 (1836). 美国学者劳伦斯 · P. 金教授和迈克尔 · L. 库克教授却认为，Lien 指为担保债务的清偿而对债务人的财产享有的权益。美国学者托马斯 · W. 邓菲教授、弗兰克 · P. 吉布森教授等学者认为，Lien 是一项存在于他人财产上的旨在担保债务履行的权利，如抵押权。Thomas W.Dunfee，Frank F.Gibson，John D.Blackbum，Douglas Whitman，F.William Mc Catry，Bartley A.Brennan，David Barrott Cohen，Modem Business Law，3d.ed.，Mc Graw-Hill，Inc.，1996，p.870.

行了解读，[①] 具有如下特性。其一，从最初起源于占有型优先权发展到非占有型优先权，实现了功能的扩展。其二，依规则体系不同，优先权可分为法律上的优先权和衡平法上的优先权；[②] 依设定方式的不同可分为意定优先权和法定优先权；[③] 依债权人是否占有担保物，可分为占有型优先权和非占有型优先权。[④] 其三，担保物可为动产、不动产、预期财产及价款；发生时间可为债权债务关系发生后设立，也可反向而为之，也可同时设立；实现方式有

---

① 《元照英美法词典》中 Lien 是指“留置权；优先权”。薛波主编:《元照英美法词典》，法律出版社 2003 年版，第 847~848 页。《英汉法律用语大辞典》将 Lien 解释成“留置（权）、质权”。宋雷主编：《英汉法律用语大辞典》，法律出版社 2004 年版，第 663 页。《精选现代法商词典》将 Lien 解释成“留置、留置权、抵押权”。魏焕华编著：《英汉・汉英精选现代法商词典》，浙江大学出版社 2004 年版，第 477 页。苏号朋教授认为：某些债权人根据法律直接享有的担保权益在美国法上称为 Liens。美国担保法上的 Liens 一词，主要指法定的担保权益，一般译为留置权。按标的，留置权分为动产留置权（Liens on Personal Property）与不动产留置权（Liens on Real Property）；按其法律渊源，有普通法上的留置权（Common-law Liens）和成文法上的留置权（Statutory Liens）。留置权是一种法定的担保权益，无须当事人约定。苏号朋:《美国商法：制度、判例与问题》，中国法制出版社 2001 年版，第 297 页。马新彦教授认为：Lien 包含两层意思，一是动产留置权，二是法定抵押权。马新彦:《美国财产法与判例研究》，法律出版社 2001 年版，第 300 页。高圣平教授认为，美国法上的 Lien 含义甚广，凡以财产供担保而该财产上所存之负均属之，不仅可由当事人设定，亦可因法律规定而产生，且其为一种权利，可诉于财产，以便强制其债务或责任之履行，它可随同，亦可不随同其财产为实际之有，故可谓为一种担保物权的总称，其性质兼有我国质权、留置权、抵押权等担保物权之特征。［美］ALI（美国法学会）、NCCUSL（美国统一州法委员会）:《美国〈统一商法典〉及其正式评述（第三卷）》，高圣平译，中国人民大学出版社 2006 年版，第 17 页。

② 前者产生于为追索债务而提起的司法程序中，如扣押优先权、查封优先权和判决优先权；后者源于司法实践中的判例，旨在保护普通债权，只适用于动产，以占有为创设前提。如技工优先权、旅店主优先权、承运人优先权及律师优先权。Black’s Law Dictionary，West Publishing Co.，1990，p.1038.

③ 孙新强:《大陆法对英美法上 LIEN 制度的误解及 LIEN 的本意探源》，载《比较法研究》2009 年第 1 期。

④ ［美］ALI（美国法学会）、NCCUSL（美国统一州法委员会）:《美国〈统一商法典〉及其正式评述（第三卷）》，高圣平译，中国人民大学出版社 2006 年版，第 17 页。

占有、收款、变卖、抵债、处分、赎回、放弃等。① 其四，次序包括司法程序上优先权的次序② 和意定优先权的次序③ 等。值得注意的是，英美法系中的优先权（Lien）与大陆法系中各种担保的概念有别。前者功能远远大于后者；前者包括大陆法上的担保物权和程序性权利（如司法优先权和税收优先权），但不包括大陆法系中人的担保。

综上，无论何种模式，均旨在解决“债务人的财产用于清偿到期未履行的债务”的事实。于是，罗马法开创了孕育优先权观念的法定抵押权的一元模式，以“特权”和“特定目的性”为主观要件；法国法系首次确立了优先权的一元模式，以“法定性”和“特定目的性”为主观要件；但有例外，以“意定性”为主观要件。德国法系首次确立了优先权的二元模式，仍以“法定性”和“特定目的性”为主观要件；英美法系承袭了德国的优先权二元模式，除“意定性”为主观要件外，仍以“法定性”和“特定目的性”为主观要件。正如有学者所言：“在排除债权平等原则的问题上，一个法律体系究竟采纳法定担保的一元模式，还是采纳法定担保加破产法规定的二元模式，区分债权和物权不是判断标准，是否遵循物权特定原则才是两种模式的分水岭。”④

---

① 郑天娇：《美国优先权制度研究——兼议对中国法的借鉴意义》，吉林大学 2009 年博士学位论文，第 43~64 页。

② 司法程序上的优先权主要有三种，分别是扣押优先权、查封优先权、判决优先权。

③ 《美国统一商法典》第九编在确定动产优先权次序问题上，采取了三种不同的办法：一是不同优先权生效方法对担保权优先次序的影响；二是同种优先权生效方法（如登记）对担保权益优先次序的影响；三是基于法律政策考量对优先权次序的确定。

④ 孙新强：《破除债权平等原则的两种立法例之辨析——兼论优先权的性质》，载《现代法学》2009 年第 6 期。有学者认为，德国法不采纳优先权的一元模式是因立法技术或公示原则造成的。温世扬、丁文：《优先权制度与中国物权法》，载《法学评论》2004 年第 6 期。

二、优先权的概念与性质

优先权的概念和性质不仅是研究优先权制度的基石，还是重大理论问题。优先权是一个颇具争议的概念，时至今日，法学界大致存在以下六种观点。第一种观点认为，优先权不是一种独立的权利而是权利的一种效力。有学者认为，物权的优先权是指权利效力的强弱。第二种观点认为，优先权即担保权。有学者认为，优先权系指在同一物上，先设定的权利优先于后设定的权利，有担保的权利优先于无担保的权利。第三种观点认为，优先权即商标、专利法中的优先申请权。第四种观点即通说认为，优先权系指特种债权的法定优先受偿权，是一种担保物权。如申卫星教授认为，优先权是指特定债权人基于法律的直接规定而享有的就债务人的总财产或特定动产、不动产的价值优先受偿的权利。[①] 王利明教授认为，优先权指由法律直接规定的特种债权的债权人享有的优先受偿的权利。第五种观点认为，优先权指抵押权和先取特权。第六种观点认为，优先权系指一种优先于其他民事权利的民事权利。例如，蔡福华先生认为，民事优先权是一种根据法律规定或当事人约定，不同性质的若干民事权利发生冲突时，某一民事权利人的民事权利优先于其他民事权利人实现的民事权利。[②] 同样，学者们对优先权性质仍存在争议，形成债权说、物权说、债权物权化说、权利保护方法说等学说。[③]

---

① 申卫星：《我国优先权制度立法研究》，载《法学评论》1997 年第 6 期。
② 申卫星：《优先权性质初论》，载《法制与社会发展》1997 年第 4 期。
③ 宋宗宇：《优先权制度研究》，法律出版社 2007 年版，第 78~80 页。

三、优先权的价值与功能

法律价值是法对人的意义，它以法与人的关系作为基础，是法对于人的需要的满足，也是人关于法的绝对超越指向。[①]就优先权制度的价值而言，学界研究的学者较少。但我国学者宋宗宇对此问题进行了有益探讨。他在剖析了优先权赖以存在的客观基础和经济学基础分别为社会需求和利益最大化之后，认为优先权制度自身具有实现实质正义和维持社会秩序两大价值，其中，追求实质正义为最高价值标准。[②]就优先权制度的功能而言，我国学界通说认为，优先权具有保障人权、实现公平与保护弱者、保护公共利益与社会秩序及实现社会观念的四大功能。

四、优先权的冲突与衡平

优先权的冲突与衡平不仅是优先权制度的核心问题还是重大理论课题。依法理学理论，只要存在权利，权利之间的冲突便是经常和必然的。国内学者对此问题研究较少。即使有研究，也是通过梳理域外法上主要国家民法典、物权法及有关文献加以分析，从理论上和体系结构进行研究的更是少之又少。但是我国有些学者也进行了尝试性研究。学者孙东雅（2003）首次对优先权的效力问题进行了研究。他首先剖析了一般优先权之间的顺位、特殊优先权之间的顺位，不同种类优先权之间的效力冲突问题；重点探讨了优先权与其他担保物权竞合时的效力问题。此外，还对动产上的优先权追及效力的限制、特殊优先权的即时取得制度、优先权的物上代位效

① 卓泽渊：《法的价值论》，法律出版社1999年版，第78页。

② 宋宗宇：《优先权制度研究》，西南政法大学2006年博士学位论文，第78页。

力、未登记的一般优先权的效力及一般优先权行使的限制等优先权的特殊性进行了分析。而且，该学者还首次剖析了优先权的限制和优先权的消灭与实现。[①]学者宋宗宇（2006）就此问题从优先权与普通债权、优先权与优先权、优先权与典型担保物权三方面进行了较为全面而有益的探讨。具体而言，在优先权与普通债权的效力方面，他认为，在债务人的财产上既存在被优先权担保的特殊债权，又存在没有被担保的普通债权情况下，被优先权担保的特殊债权均优先于普通债权受偿。但是，由于优先权依据法律的直接规定而产生，原则上不以占有或登记为成立要件，从而缺乏公示性，法律往往通过对优先权的效力进行相应限制来平衡权利间冲突所引起的不公平。限制优先权的物上代位效力虽然存在例外，但是原则上一般优先权和动产特别优先权均不具有追及效力。而在依法完成了对不动产特别优先权登记情形下，优先权对标的物则具有追及效力。此外，引入善意取得制度和强化优先权的登记制度也是限制优先权效力的有效方法。之后，他分析了优先权与优先权之间的顺位问题。重点讨论了一般优先权之间的顺位、特别优先权之间的顺位及一般优先权与特别优先权之间的顺位。最后该学者还剖析了优先权与典型担保物权的效力问题，主要分析了优先权与质权的竞存、优先权与抵押权的竞存及优先权与留置权的竞存等内容。[②]

五、我国优先权制度的立法构想

虽然我国民法主要移植于大陆法系国家，但就优先权制度而言，并未像法国和日本一样规定统一的优先权制度，而是零散规定于特别法中。例

① 孙东雅：《民事优先权研究》，中国政法大学出版社 2003 年版，第 112 页。
② 宋宗宇：《优先权制度研究》，西南政法大学 2006 年博士学位论文，第 86 页。

如，我国1993年规定了船舶优先权、1995年和1996年分别确立土地使用权出让金优先权和民用航空器优先权。学理上，申卫星教授1997年发表的《优先权性质初论》和《我国优先权立法研究》开创了优先权制度研究的先河。他从公共利益、国家利益及社会政策的需求，基于共有与质权观念的传统及保护债务人权益之需三个方面证成了设定优先权制度的必要性。随后，评析了我国优先权制度立法现状，指出我国有必要设立优先权制度，还重点讨论了优先权与物权公示制度的冲突与补救和设立优先权的价值抉择等问题。最后，提出我国优先权制度设立的五种方案与立法框架。[①] 钟淑健借鉴日本民法上的优先权类型具体探讨了一般优先权和特别优先权的具体种类，进而指出我国将来立法应借鉴日本民法模式确立我国优先权制度。[②] 詹云燕认为，担保权与所有权的重合以及优先权可分为一般优先权与特别优先权，特别优先权包括特别动产优先权与特定不动产优先权。我国未来立法中对优先权种类的选择既要维护公平与正义，又要兼顾我国的社会现实。[③] 温世扬、丁文认为，优先权制度的价值取向和我国社会生活实际之需要以及现有担保物权的特点，决定了我国《物权法》应确立优先权制度。立法模式上，可借鉴《日本民法典》的先取特权制度；在制度设计上，优先权应作为一种独立的担保物权与抵押权、质权和留置权一起共同构成我国《物权法》中的担保物权体系；在内容安排上，在借鉴日本民法的先取特权制度的同时，要注意与我国现有担保物权制度的衔接。[④] 梅夏英、方春晖分析了传统优先权制度的立法特点、立法技术安排，指出我国优先权立

① 申卫星：《我国优先权制度立法研究》，载《法学评论》1997年第6期。

② 钟淑健、李霞：《简析优先权的种类——兼及我国的立法选择》，载《政法论丛》2001年第4期。

③ 詹云燕：《论优先权立法种类的选择——兼与王利明〈物权法草案建议稿〉商榷》，载《法与经济》2003年第6期。

④ 温世扬、丁文：《优先权制度》，载《法学评论》2004年第6期。

法应解决的四个问题即优先权制度在民法体系中的定位，优先权制度自身的结构，优先权的登记制度及优先权的顺位。[①] 郭明瑞、仲相认为优先权具有被担保债权的特殊性、法定性、客体的相对特定性及秘密性等特征，进而分析了优先权的保障人权的功能、实现公平与保护弱者的功能、保护公共利益与社会秩序及实现社会观念的功能，剖析了德国法上优先权的替代制度，主要包括禁止扣押及扣押保护制度，清偿顺序制度，留置权、法定质权与法定抵押权制度，特别法上之优先权制度及社会保障制度等。指出我国引入优先权制度的理由。[②] 申卫星探讨了优先权制度的立法趋势与立法价值，分析了优先权的性质，以明确其在我国物权法典中的定位，在此基础上提出了我国优先权立法进行种类选择应遵循的原则，并对优先权立法过程中出现的“公法债权是否可以通过私法进行保护”“优先权与物权公示制度的冲突与补救”“设立优先权过程中平等与特权的价值抉择”等重要理论问题进行了反思。[③] 陈本寒通过对日本、德国、瑞士等国优先权立法上不同观点和立法例进行比较分析，认为我国未来立法应采取法国、日本的立法例，在立法模式上赋予特定债权优先受偿的效力。[④] 戴谋富认为，优先权制度体现了国家维护公共利益，推行社会政策，保护弱势群体生存利益的立法思想，反映了法律对实质平等、公平、正义等理念的不懈追求，同时也蕴含着和谐的基本理念，体现了现代民法对人的终极关怀的价值取向，符合现代民法发展的趋势。在我国构建民法体系的过程中优先权制度应当占有一席之地。建议借鉴法国法模式，在民法典物权编中设专章统一进行规定，同

① 梅夏英、方春晖：《优先权制度的理论和立法问题》，载《法商研究》2004 年第 3 期。
② 郭明瑞、仲相：《我国未来民法典中应当设立优先权制度》，载《中国法学》2004 年第 4 期。
③ 申卫星：《信心与思路：我国设立优先权制度的立法建议》，载《清华大学学报》2005 年第 2 期。
④ 陈本寒：《优先权的立法定位》，载《中国法学》2005 年第 4 期。

时保留特别法对优先权的规定。[①]周军在探究优先权的历史渊源，考察比较法上的优先权性质之后，认为优先权并非担保权和物权，指出我国未来立法中应将优先权规定在债法总则中。[②]

试将现有研究的贡献归纳总结如下：其一，基于私法，从比较法的视角介绍和分析了美国优先权制度和大陆法系中优先权制度，尤其是罗马、德国、日本、瑞士、法国、意大利及我国台湾地区的优先权。其二，重点考察了美国和主要大陆法系国家中的优先权制度的相关内容，具体分析了优先权的历史沿革、概念、性质、价值、种类、效力、登记、顺位、保护、我国立法构想等内容。其三，指出了我国《物权法》规定的不足与缺陷，并提出了相关建议。其四，对船舶优先权制度、税收优先权制度、建筑工程优先权制度等进行了深入而有益的探讨。

我国国内研究对于优先权制度研究存在的缺陷与不足如下：

其一，总体上国内的研究不够全面和深入。

其二，并未对债权冲突的两种解决机制，即担保权模式和优先权模式，进行深入比较分析，也未探究两种模式的利弊和比较分析这两种模式下的具体规则体系。

其三，并未从债权冲突问题解决视角去探讨我国优先权的含义和本质。

其四，并未对担保权本质上是优先权的观点予以证成，从而在探讨优先权的价值与功能方面具有片面性。

其五，并未在担保权是优先权一种的前提下，具体试拟我国优先权草案建议稿。

---

① 戴谋富：《论优先权在我国民法典中的设计》，载《政法学刊》2007 年第 2 期。

② 周军：《论优先权的准确定位》，载《贵州社会科学》2008 年第 4 期。

第三节　研究内容、方法及思路

一、研究内容

本文以各国和地区民法、财产法及国内外有关优先权问题的文献为研究基础，克服以往研究缺陷，从债权冲突视角分析我国优先权应有的立法模式、含义、本质、价值与功能、种类与排序、立法方案，最后，试拟我国优先权草案建议稿。通过这样的研究，希冀为我国物权法的完善和正在制定的民法典之规定优先权制度提供参考和助力。

二、研究方法

本课题采用比较分析法、文献分析法、案例分析法及历史分析法等进行研究。

1. 比较分析法。此方法为本书的主要研究方法。本书主要对各国和地区的优先权制度进行比较研究，探究我国优先权的立法模式、含义、本质、价值与功能、种类与排序等。该方法尤其体现在：优先权立法模式的比较，优先权含义的比较等。

2. 文献分析法。本研究主要参考和查阅与优先权有关的各国和地区的民法典、担保法、财产法和私法，大量阅读其有关的外文文献和中文文献，遵循由一般到特殊、由现象到本质及由理论到实践的研究思路，探究我国优先权的含义、本质、种类与排序等。

3.案例分析法。通过案例分析，具体化我国优先权排序规则的适用。

三、研究思路

拟采用的研究思路：债权冲突问题→债权冲突解决的两种机制：优先权模式和担保权模式→我国优先权的含义→我国优先权的本质→我国优先权的价值与功能→我国优先权的种类与排序→我国优先权的基本构想。

第四节 研究创新点

本课题以各国和地区民法、财产法及国内外有关优先权问题的文献为研究资料，全面梳理优先权制度的立法与学说。遵循由理论到实践、由一般到特殊的研究路径，从债权冲突问题解决视角出发，比较分析罗马法、法国法、德国法、意大利法解决债权冲突的制度设计，得出罗马抵押、质押与法定抵押权、法国抵押权、质权与优先权、德国担保物权、意大利优先权与抵押权、质权实质上都是解决债权冲突的机制。担保权与优先权的关系上，罗马法定抵押权是罗马担保权的一种；法国优先权是法国担保权的一种；德国法定质权是德国担保权的一种；意大利担保权是优先权的一种。担保权与优先权的冲突规则上，评析了法国模式、德国模式和意大利模式的利弊。进而从比较法视角探究了优先权的概念、本质、价值与功能、种类与排序，进而检视并构建我国的优先权制度，于本书的最后，试拟其草案建议稿。本研究的创新点主要包括以下四个方面。

一、优先权模式和担保权模式是解决债权冲突的两种机制

人类社会资源的稀缺性决定了自罗马法产生以来就存在债权冲突问题。作为近现代优先权的罗马法定抵押权产生之前，包括抵押和质押在内的罗马担保权模式是解决罗马债权冲突的唯一手段和方式。当罗马法定抵押权产生后，法定抵押权被定性为罗马抵押的一种，罗马担保权模式仍是解决罗马社会的债权冲突问题的唯一路径。罗马担保权模式被《法国民法典》《德国民法典》所承继，形成了法国担保权模式、德国担保权模式两种。《意大利民法典》将担保权定性为优先权的一种，首创优先权模式来解决意大利社会中的债权冲突问题。但无论是哪种担保权模式，都主要是按照债权设立时间顺序和登记先后顺序来解决债权冲突问题，自然忽略了一些债权自身所承载的更高价值，易引发社会不公、贫富差距、弱势群体等一系列经济和社会问题，比如担保权优先于劳动债权优先权。且担保权模式下的优先权无论是归入物权编还是债权编都是一种错位。因为，优先权不是物权也不是债权。而意大利优先权模式克服了担保权模式的固有缺陷，我国民法典宜予以借鉴。

二、优先权的含义

本书通过梳理和比较分析罗马优先权、法国优先权、德国优先权及意大利优先权的含义，只能得到德国优先权、法国优先权、意大利优先权和美国优先权的定义，这些定义能帮助我们了解和分析特定国家的优先权，但不足以指引中国民法典处理优先权问题。但无论如何不同，各国和地区的优先权都有一个目的即解决债权冲突。由此，笔者认为，中国的优先权应该定义为“权利人按照法律规定的顺序对债务人财产享有的优先受偿

权”。这一定义有两个要点：首先，优先权以债权冲突为基础。其次，优先权是优先受偿权，是独立于特定债权的权利。

三、优先权的本质

现代优先权不是罗马、法国、德国优先权，而是意大利优先权，是指权利人按照法律规定的顺序对债务人财产享有的优先受偿权，其本质上也不是债权、物权、债权物权化、权利保护方法，[①]而是顺序权，是一种独立于物权和债权的民事权利。

四、我国优先权独立成编与草案建议稿

比较分析法国优先权模式、德国优先权模式、意大利优先权模式的利弊，证成了我国宜借镜意大利优先权模式，实现优先权独立成编，并试拟了我国优先权草案建议稿。

---

① 宋宗宇：《优先权制度研究》，法律出版社 2007 年版，第 78~80 页。

第二章 优先权模式和担保权模式：债权冲突的解决机制

第一节　优先权和担保权产生的缘起：债权冲突

权利冲突系指因权利边界的模糊性、交叉性等而产生的，两个或两个以上的主体间的权利矛盾关系或者因行使权利而导致他人受到侵害的行为。[①]其实质上是利益冲突和价值冲突。[②]而社会资源的总体稀缺和各方利益的交叉是权利冲突的基本原因。[③]利益冲突的演进历史表明，到了原始社会后期，随着社会分工的出现和社会生产力水平的提高，生产资料私有制开始形成，人们必须通过交换才能满足自身的需要，实现自己的利益，人与人之间的平等互利关系被打破，利益冲突作为一种社会现象才开始登上了人类历史的舞台，并经历了简单到复杂、从低级到高级的展开过程。[④]财产利用中权利冲突问题的解决是随着社会的变迁与发展而得以被认知和关注的。因为，人类社会的发展会促进“人们权利意识的普遍觉醒和人的主体能力的普遍

① 张平华:《权利冲突辨》，载《法律科学》2006 年第 6 期。

② 任广浩、叶立周:《论权利冲突——以利益冲突为线索的考察》，载《河北法学》2004 年第 8 期。

③ 冯玉军:《权利相互性理论概说——法经济学的本体性阐释 》，载《法学杂志》2010 年第 9 期。

④ 张玉堂:《利益论——关于利益冲突与协调问题的研究》，武汉大学出版社 2001 年版，第 79 页。

提高”[1]，权利意识的发展和变革才成为可能[2]。也就是说，人类社会对权利冲突问题的关注程度取决于权利冲突存在的广泛性与普遍性，以及由此产生的权利冲突激烈对抗性和引发的一系列社会经济问题。因为权利冲突和利益冲突均遵循从起点到激烈对抗的强度展开过程和从某一方面扩展到其他各方面、从某一层次扩展到其他层次的展开过程。[3]权利冲突所引发的一系列社会经济问题的严重程度在很大程度上由一个国家（地区）的权利冲突解决机制的完善程度和社会经济发展水平所决定和影响，也与一个国家（地区）的社会资源和人口因素密切相关。

债权作为权利的一种，债权冲突因而是权利冲突的一种。在简单商品经济处于支配地位的社会中，比如处于原始社会的罗马，财产所有处于统治地位，财产利用往往主要表现为所有人自己利用，[4]因此所有权能很好解决之。即使财产利用表现为他人利用，债法也足以解决。为了保证债权的实现，包括抵押和质押在内的担保权也能有效地解决社会生活中产生的债权冲突问题。结果，债权冲突问题自然也就不会十分普遍，也不会引发严重的社会问题。当债权冲突问题日趋激烈、广泛而备受关注和高度重视时，无疑会发生因经济社会发展而引发社会资源缺乏、贫富差距拉大、社会公平正义丧失等一系列问题。这时，所有权、债法、抵押及质押无法满足调整财产归属、利用及其产生的债权冲突关系的需要。罗马法上的法定抵押权及其孕育的优先权观念得以形成，用于解决抵押、质押所不能有效解决的债权冲突问题。19 世纪初《法国民法典》首次确立优先权概念及其制度

① 陈忠：《城市权利：全球视野与中国问题——基于城市哲学与城市批评史的研究视角》，载《中国社会科学》2014 年第 1 期。

② 杨春福：《权利法哲学研究导论》，法律出版社 2000 年版，第 75 页。

③ 张玉堂：《利益论——关于利益冲突与协调问题的研究》，武汉大学出版社 2001 年版，第 102 页。

④ 孟勤国：《占有概念的历史发展与中国占有制度》，载《中国社会科学》1993 年第 4 期。

用于解决抵押权、质权所不能解决的债权冲突问题。20 世纪初的《德国民法典》创设了法定质权来解决不动产担保权、动产质权和权利质权[①]所不能有效解决的债权冲突问题。

罗马法上的法定抵押权制度首次实现通过国家直接干预社会资源分配来解决抵押和质押无法解决的债权冲突问题，借以实现保护弱者，维护国家利益和公共利益，但具有自发性和有限性的缺陷。就自发性而言，罗马法并未将优先权观念上升为优先权，是通过法定抵押权制度来表现。而其创设也并非立法途径而是由习惯、司法、皇帝敕令为之，其顺位也依习惯或皇帝敕令确立。此外，其既无须特别公示又未建立相应的登记制度使物权遭受困扰的危险。就有限性而言，种类不多，创设目的单一，即一般法定抵押权主要是为了国家利益和保护弱者利益而创设，主要包括税收法定抵押权、未婚子女法定抵押权等。而特定法定抵押权主要是为了有产者利益而创设，主要包括房屋出租人法定抵押权、土地出租者法定抵押权、贷款人法定抵押权等。这就决定了罗马法的首次有益尝试是不够彻底、不尽如人意，但在一定程度上缓和了罗马平民阶层与贵族阶层之间的斗争，[②]反映了罗马社会尊重社会成员基本生存权的政治文明及以人为中心的罗马民法理念[③]。

但值得深思的是，为何优先权在古罗马只能隐姓埋名，在法国却能登上法典的大雅之堂，光芒四射？难道是因为罗马法学家的愚钝凸显了法国法学家的伟大？答案无疑是否定的。因为，法益并非生成时即为权利，只有法益随着时间的发展已经稳定、成熟，在主体、内容或范围上都可以特

---

① 《德国民法典》第 1273 条规定：质权的客体也可以是权利。关于动产质权的规定准用于权利质权。

② 李中原：《欧陆民法传统的历史解读——以罗马法与自然法的演进为主线》，法律出版社 2009 年版，第 16 页。

③ 宋宗宇：《优先权制度研究》，法律出版社 2007 年版，第 100~101 页。

定，随着时代变迁或社会发展需要，逐步独立成为权利类型，在经由既存法律体系承认后，被法律赋予特定的名称，从而成为权利。[①] 法国大革命摧毁了一个充斥着特权和等级的封建社会，开启了一个倡导自由、平等、博爱的资本主义新时代；虽然法国工业革命使财产利用日益频繁，也创造了史无前例的社会财富，但也带来了污染、贫困、犯罪、拥挤等问题，社会成员两极分化严重，阻碍了生产力的进一步发展。质言之，当社会可供资源本来有能力给更多人以权利，但原有的权利体制仅赋予部分成员以权利，导致那些本来可以享有权利的人反抗，反抗后资源重新分配，通过制度的革新产生权利。随着社会总体可供资源的增长，人们认识到可以享有新的权利，进而推动社会制度使之明确化。[②] 这就决定了法国民法在解决债权冲突问题的努力和尝试无疑是成功的，也是颇值得镜鉴的。因为法国法上的优先权制度开创了通过立法途径解决法国抵押权、质权无法解决的债权冲突的先河，首次实现了这部分债权冲突的法典化和体系化。

但耐人寻味的是，《德国民法典》并未出现“优先权”的字眼，这是否意味着《德国民法典》对担保权无法解决债权冲突问题悬置高堂，置之不理？事实并非如此。其实，当时的德国社会已经处于资本主义经济发展的垄断阶段，财产利用达到史无前例的程度，财产利用中出现的权利冲突问题日趋明显和激烈，进而引发了一系列严重的社会问题。比如，受人口的急增和财富的巨增等因素的影响，德国贫富差别极为悬殊，劳资矛盾空前激化。[③] 对此，德国立法者，在继受罗马法上的抵押权的努力和尝试失败后，传承了德国法所尊崇的公示原则和特定原则，遵循物债二分原则，经不懈

---

① 李岩:《民事法益基本范畴研究》，法律出版社 2016 年版，第 87 页。

② 何志鹏:《权利基本理论：反思与建构》，北京大学出版社 2012 年版，第 216~217 页。

③ 胡才珍:《论 19 世纪末 20 世纪初德国在欧洲历史地位的巨变》，载《武汉大学学报》2001 年第 5 期。

努力建构起优先权替代制度（法定质权）。其与法国优先权制度具有异曲同工之妙的作用。这不仅有效地缓解了20世纪德国社会中的社会矛盾，使德国的经济秩序井然有序，还反映了德国资本主义时期，个人作为利益主体的地位凸显，利益主体开始呈现多元化的特色，人们之间的利益冲突明显复杂化 。[①]但因其效力低下使其在价值功能的实现上仍无法与法国模式优先权制度相媲美。

到20世纪中叶，意大利经济“由一个简单的以农业为主体的经济发展方式向以先进工业为主体的发展方式转变”。[②]财产利用程度空前频繁，债权冲突日益激烈，由此引发了“贫富差距拉大，阶级矛盾加剧”[③]等严重的经济社会问题。“除了利益冲突观念协调、经济协调外，合理的利益制度能够真正促进人们之间以及人的利益不同方面之间实现良性互动的利益解决。”[④]为此，1942年《意大利民法典》的立法者按作为法律规范的顺序，基于立法价值的考量，赋予优先权人就债务人的财产的价值享有优先受偿的权利，以实现分配正义，便产生了意大利优先权。它被定性为优先受偿权，[⑤]是先取特权[⑥]、质权、抵押权的总称，先取特权、质权、抵押权成为优先权的法定原因[⑦]。由此确立了先取特权与质权、抵押权之间冲突的顺位原则：多个债权人对债务人的财产，享有同等的受偿权，但是先取特权、质权和抵押权

---

① 张玉堂:《利益论——关于利益冲突与协调问题的研究》,武汉大学出版社2001年版,第93页。

② 徐万鹏:《试论文艺复兴对现代意大利经济的影响》，载《商》2012年第14期。

③ 黄玉华：《葛兰西文化领导权理论及其对当代中国法治文化建设的启示》，广西民族大学2016年硕士学位论文，第79页。

④ 张玉堂:《利益论——关于利益冲突与协调问题的研究》,武汉大学出版社2001年版,第245页。

⑤ 陈本寒:《担保法通论》，武汉大学出版社1998年版，第128页。

⑥ 《意大利民法典》第2745条规定：先取特权是法律鉴于债权原因而赋予。但是，法律规定的先取特权的设立，可以基于当事人的合意，也可基于公示的特别形式。

⑦ 费安玲、丁玫译:《意大利民法典》，中国政法大学出版社2004年版，第729页。

除外。[1] 这是大陆法系民法第一次理顺了优先权与质权、抵押权等所谓担保物权的逻辑关系，全面调整债权冲突的问题，构建起统一而完备的债权冲突解决规则体系。

然而，优先权制度并未在中国的神州大地上开花结果，也不存在与之相同功用的优先权替代制度。这是否意味着中国的债权冲突问题无须法律加以规制？其实，我国现行《担保法》和《物权法》担负起此重任，但因未明定法定抵押权和法定质权且留置权制度存在适用范围较窄、可约定排除等缺陷而遭到一些学者的质疑和围攻。虽然我国有关法律也零星规定了船舶优先权、民用航空器优先权等一些具体优先权，但因规定不太统一、性质不同、法律地位不太明确等因素导致其不能完全发挥应有功效。因优先权制度与债权平等原则、物权公示原则及公法债权私法保护在理论上存在冲突，也显得与中国民法格格不入。这使大量优先权游离于法律之外，难以得到法律的保护，尤其是现实生活中会“因科学技术的发展、生活方式的转变、人们认知水平和认知能力的提高、社会的变迁”[2] 等因素易造成大量债权冲突的滋生。对于正处于构建和谐社会、全面建设小康社会的21世纪中国来说，债权冲突问题更加突出和明显。至此，域外立法经验和中国国情无不表明，中国民法典应正视担保权无法解决的债权冲突问题。

---

① 《意大利民法典》第2741条。

② 潘志华：《权利冲突的法理思考》，中共中央党校2011年博士学位论文，第72页。

第二节　担保权模式

债权冲突问题是人类社会经济生活发展所面临的永恒难题，是人类社会资源稀缺的必然结果，是罗马法以来各国和各地区民法所面临的共同问题。自罗马法以来，大陆法形成了解决债权冲突的两种机制：担保权模式和优先权模式，前者主要包括罗马担保权模式、法国担保权模式和德国担保权模式，后者主要包括意大利优先权模式。

一、罗马担保权模式

罗马法是以生活经验法则解决债权冲突。罗马法没有物权与债权的区分，普通债权、意定抵押权、质权和法定抵押权之间可以讨论谁优先的问题。普通债权之间的顺序是依罗马私人权利平等原则予以确定。意定抵押权和占有质权之间的顺序和非占有质权之间的顺序是依罗马法上的“时间在先，取得在先”（prior in tempore potior in iure）原则[①]予以确定，即分别依设立时间顺序[②]和依登记时间顺序[③]予以确定。抵押权、质权与普通债权之间的顺序是依“罗马有担保的债权先于无担保的债权思想”[④]予以确定。法定

① 乌兰：《意思主义模式下不动产一物二卖的理论与实务——以意大利民法为观察样本》，载《西南政法大学学报》2014 年第 5 期。

② C.8，17，11，1，cited from http：//uwacadweb.uwyo edu/blume&justinian/Code 20 Revisions / Books rev20 copy/Books—17rev.pdf.

③ 彭梵得：《罗马法教科书》，中国政法大学出版社 2005 年版，第 147 页。

④ 孙新强：《我国法律移植中的败笔——优先权》，载《中国法学》2011 年第 1 期。

抵押权之间的顺序是依习惯或法令（依“特权”[①]）予以确定。例如，大法官最初仅赋予嫁资法定抵押权以优先债权，先于普通债权，后于抵押权，[②]查帝一世却赋予嫁资法定抵押权先于所有的抵押权[③]。罗马债权冲突的解决因而是罗马社会生活经验法则的反映，具有自发性和任意性的缺陷。

二、法国担保权模式

《法国民法典》仍是以生活经验法则解决债权冲突。法国法也没有物权与债权的区分，普通债权、抵押权、质权及优先权之间因而也可以讨论谁优先的问题。但处于资本主义自由阶段初期的法国社会经济生活的发展客观上要求建构起以保全为中心的担保权，优先权因而成为 1804 年《法国民法典》中担保权的一种。担保性成为《法国民法典》确认和安排债权顺序的主要因素。同种类的普通债权之间、抵押权之间[④]、质权之间[⑤]、优先权之间的顺序基本上是与罗马法的规定一致。不同种类的抵押权之间、质权之间及抵押权与质权之间的顺序是依设立时间顺序和登记时间顺序予以确定。一般优先权与特别优先权之间的顺序是除法律另有规定之外，依债权的不同品质[⑥]予以确定，实为依债权重要性顺序予以确定。不过，优先权与抵押权、质权之间的顺序以及不动产特别优先权之间的顺序都不是依债权重要性顺序予以确定。依公示优先原则，动产质权通常先于一般优先权。[⑦]优先

① 彭梵得：《罗马法教科书》，中国政法大学出版社 2005 年版，第 265 页。
② ［意］彼德罗·彭梵得：《罗马法教科书》，黄风译，中国政法大学出版社 1992 年版，第 166 页。
③ 周枏：《罗马法原论（上册）》，商务印书馆 1994 年版，第 162 页。
④ 罗结珍译：《法国民法典》，北京大学出版社 2010 年版，第 534~535 页。
⑤ 《法国民法典》第 2340 条和第 2355 条。
⑥ 《法国民法典》第 2325~2327 条。
⑦ 法国 2006 年 3 月 23 日第 2006-346 号法令。

权与抵押权之间的顺序通常是依债权顺位与登录顺序予以确定。[①] 不动产特别优先权之间的顺序首先是依登记时间顺序予以确定，若不动产特别优先权均已登记，其顺序则是依设立债权时间顺序予以确定。而且，法国民法也并未对一般优先权与特别优先权之间的顺序和动产特别优先权之间的顺序（除动产买卖优先权与不动产租赁优先权之间的顺序外）予以明定。法国债权冲突的解决因而是法国生活经验法则的反映，具有不彻底性的缺陷。

三、德国担保权模式

《德国民法典》是以担保性解决债权冲突。德国民法严格区分物权和债权，确立了物权先于债权的规则。担保权被定为物权，担保权因而先于债权。优先权即法定质权被定位为担保权的一种。优先权因准用以法律行为设定的质权（约定质权）的规定[②]而使之与约定质权的法律效力相同[③]，这就排除了对特殊债权予以优先保护的可能。建构起以融资为中心的担保物权是处于资本主义垄断阶段的德国的经济生活的客观要求，是1900年《德国民法典》的使命。担保性因而成为《德国民法典》确认和安排债权顺序的唯一因素。除普通债权之间的顺序基本上是与罗马法、法国民法典的规定一致外，权利质权之间[④]、法定质权之间[⑤]、动产质权（权利质权、约定质权）

① 郭明瑞、仲相、司艳丽：《优先权制度研究》，北京大学出版社2004年版，第141~142页。

② 《德国民法典》第1257条规定：关于以法律行为设定的质权的规定，准用于依法律规定而发生的质权。

③ 《德国民法典》第1249条规定：一旦债务人有权给付，因质物的让与而会失去质物上的权利的人就可以使质权人清偿。清偿也可以以提存或抵销为之，且第三人使债权人受清偿的，债权转移给该第三人。不得使债权人受不利益而主张该项转移。

④ 《德国民法典》第1273条规定：质权的客体也可以是权利。

⑤ 《德国民法典》第1208条和第1209条。

与法定质权之间的顺序[①]都是依设立时间顺序予以确定；土地债务之间、定期土地债务之间及抵押权之间的顺序[②]都是依登记时间顺序予以确定。德国债权冲突的解决因而是德国民法理念和逻辑的产物。

四、三种担保权模式的评析

考究罗马法以来三种典型的担保权模式，其根本旨趣在于解决中国民法典要不要及要什么样的优先权问题？若要优先权问题，无疑存在如何安排及安排什么样的现行担保物权与优先权问题。由于历史缘故和现实主客观因素的影响，中国现行物权法坚守了担保权模式，至今不少学者肯认担保权单列的观点，中国至今既无完善的优先权替代制度又无统一优先权制度，但大多数学者认可了引入优先权制度的观点，但对它们的理解不够全面和深入。从中国社会的现实生活看，存在一系列与优先权制度相关的问题，如贫富差距问题、老龄化问题、留守儿童问题、工资拖欠问题等，它们均需要有合理的诠释。这就存在一个如何吸收和借镜优先权制度的问题，尤其是担保权与优先权的制度设计问题。故而，探究继受罗马担保权模式以来的法国担保模式和德国担保权模式的立法定位优劣及其成因。

法国模式下，法国不知不觉地将其归入担保权范畴，从财产归属的角度看待和规定。这是因为法国法尽管既不区分物权与债权又不坚持物权特定原则与公示原则，但仍以所有权为中心，[③]故优先权被认定为仅是物权取得和存在的一种方式。于是法国将优先权看作担保权的一种。结果，法国法将优先权问题归入物权法范畴。其实，优先权不是物权，也与担保权有别。

① 《德国民法典》第1257条。

② 《德国民法典》第1192条。

③ 王卫国：《现代财产法的理论建构》，载《中国社会科学》2012年第1期。

但有趣的是，法国法最终将优先权问题明定于债法中。因为法国立法者尽管借鉴了让·多马的把所有的担保物权聚合[①]的观点，但仍将其看作债的担保，依附于债法。尽管意识到优先权与债的共性大于物权，也肯认了担保权与一般物权有别，但为了建构起以债务保全为中心的担保物权体系，却采纳了罗马担保是债的类型，债权是无体物的一种，从属于物法，也是一种物权[②]的观点。故而，将其明定于债法编无疑是妥洽的。因为当时法国仍是农业大国，对投融资的需求并不急迫，所以法国担保物权坚持了严格的随附性理论，以保全债权为首要功能，以所担保的债权的存在为前提。[③]结果，优先权只具有保全债权的功能，融资和投资功能却荡然无存。[④]对此，法国于2006年3月进行了担保制度改革，以满足经济发展和刺激信贷所需，[⑤]也实现了担保物权独立成编。这就预示着此次改革的立法者意识到担保物权本质上是优先权，并非物权和债权，具有独立地位，但仍将优先权定性为担保权也是欠妥的，因为前者是后者的上位概念。

德国模式下，包括抵押权、土地债务、定期土地债务、动产质权、权利质权在内的担保物权与包括禁止扣押及扣押保护制度、清偿顺序制度、留置权制度、法定质权在内的优先权的冲突处理机制是：依物权优先债权原则，担保物权优先于除法定质权外的优先权，因为除法定质权之外的优先权是债权性优先权，具有债权的特殊效力，而担保物权是物权。例外的是，担保物权与法定质权具有相同法律效力。因为法定质权既是担保物权，又是物权性优先权，还是动产质权的一种。这就自身矛盾了，也不能自圆其说，但凸显了德国重担保轻优先权的立法意图。追根溯源，德国立法者

① 徐国栋：《罗马私法要论——文本与分析》，科学出版社2007年版，第173页。
② 徐国栋：《罗马私法要论——文本与分析》，科学出版社2007年版，第171~172页。
③ 郭明瑞：《论担保物权的历史发展趋势》，载《法学》1996年第2期。
④ 陈本寒：《优先权的立法定位》，载《中国法学》2005年第4期。
⑤ 李世刚：《关于法国担保制度的改革》，载《法律与政治》2007年第3期。

意识到了零散而不统一的罗马担保物权从属于不同的制度和立法目的的缺陷以及法国担保物权从属性理论无法满足资本主义垄断阶段财产利用日益频繁之需从而采行了担保物权独立理论，并将其作为一种投资的手段。[①] 于是借鉴罗马权利质权与抵押权两种类型，将罗马质权改造为动产质权（约定质权与法定质权），创设土地债务与定期土地债务，采纳海赛的三国式担保物权体系，[②] 区分物权与债权，把被聚合在一起的担保物权的类型从法国的债法转移到物权法中，进而建构起以融投资为中心的担保物权体系。但仅规定法定质权为物权性优先权，与担保物权效力相同。并依物权优于债权原则，确立了担保物权优先于其他债权性优先权的冲突处理规则体系。这就决定了德国优先权制度天生具有效力低下的缺陷，其价值功能难以真正实现，同样，如前所述，物权性优先权和债权性优先权分别置于物权法和债法中，也使其天生具有了非体系化的缺陷，影响了其价值功能的实现。

不过，德国民法将物权性优先权归物权法领域来看待和规定，而债权性质的优先权归债法领域来看待和规定，是有其成因的。一是《德国民法典》诞生于德国自由资本主义向垄断资本主义过渡时期，德国社会客观上要求法律保护社会弱者、淡化公私法的划分、限制所有权和契约自由，[③] 但德国为了实现私法的统一的指导思想，并未对改变了的社会关系加以调整。二是虽然立法者注重现存法律和尊重地方利益，认为法典化不应创造新法律，而是以目前法学所要求的方式，将现存法律组织起来，[④] 但不再把建立包罗万象的民法典体系作为终极目标，而是要构筑细致、精密和逻辑严谨的民法典体系。三是受“萨维尼的物权与债权作为调整不同的对立的权利体

① 郭明瑞:《论担保物权的历史发展趋势》，载《法学》1996年第2期。
② 徐国栋:《罗马私法要论——文本与分析》，科学出版社2007年版，第175页。
③ 何勤华:《德国法律发达史》，法律出版社2000年版，第239~240页。
④ 何勤华:《德国法律发达史》，法律出版社2000年版，第239~241页。

系”的影响，《德国民法典》实现了债权脱离所有权的束缚，[①]使其成为与物权并列的独立权利，并严格遵循物权特定原则，[②]采纳了物权编与债权编相互独立的潘得克吞体系。尽管如此，《德国民法典》仍坚决捍卫了所有权绝对原则，以财产的归属与流通为中心。[③]虽然20世纪70年代、80年代开始对此进行限制，但该限制仅作为例外，而不属于原则的一部分内容。[④]这也不可能动摇财产归属的统治地位。

结果，《德国民法典》将物权性优先权归物权领域，有这样的规定也是情理之中的事。虽然这遵循了传统的物权和债权的基本分类，却未改变特种债权的性质，为推行社会政策和维护社会公益的需要，仅赋予了其优先受偿的效力，并通过在程序法中对不同债权的清偿顺序的规定和执行程序中禁止扣押制度的规定，来达到对某些债权给予特殊保护的目的。这就使缺乏体系性和适用顺位混乱的缺陷暴露无遗。因其仅具有特殊债权的优先清偿顺序，无法对抗一般担保物权，其效力低于享有别除权的债权，也使其价值功能的实现无法与法国模式优先权相比拟。其实，优先权产生于“债务人的财产用于清偿到期未履行的债务”的事实，而所有权和他物权产生于财产归属的事实。[⑤]换句话说，优先权属于财产利用的范畴，所有权和担保物权属于财产归属的范畴，这就决定了二者在财产问题中的地位不尽相同。所谓财产利用系指人们为满足自身需要而按照财产的性能进行的生产、经营、使用、收益、消费等活动。[⑥]财产归属的事实是财产利用的先决

---

① 王卫国：《现代财产法的理论建构》，载《中国社会科学》2012年第1期。
② 孙新强：《我国法律移植中的败笔——优先权》，载《中国法学》2011年第1期。
③ 王利明：《民法的人文关怀》，载《中国社会科学》2011年第4期。
④ 张梅：《德国民法典的制定背景和经过》，载《比较法研究》1997年第4期。
⑤ 金可可：《私法体系中的债权物权区分说——萨维尼的理论贡献》，载《中国社会科学》2006年第2期。
⑥ 孟勤国：《占有概念的历史发展与中国占有制度》，载《中国社会科学》1993年第4期。

条件。而优先权是对“债务人的财产用于清偿到期未履行的债务”的定性和解释，故而，优先权不是财产归属问题，而是财产利用问题。故将优先权问题纳入财产归属范畴本质上是一个错位。

德国民法将债权性优先权归入债法领域也是一个错位。因为债权性优先权与特定财产并无牵连，也与物权公示原则和特定原则相悖，无法通过法定担保制度来解决。为了实现法国优先权制度的价值功能，德国将债权性优先权交给破产法、商法典、民事诉讼法和强制执行法等特别法来解决。这是德国民法坚持物债二分法实现民法典的体系化和逻辑化的必然结果，是德国立法者为了实现私法统一排除具有公法侧面性的优先权的真实反映。但不可否认的是，更高明的德国立法者开创了优先权属于财产利用范畴的立法例的先河，实现了优先权从财产归属到财产利用的历史性跨越。但遗憾的是，却偏偏认定“优先权具有特殊债权所有的一种效力”[①]，而非为独立的民事权利，更谈不上将其认定为债权的实现方式。这就使债权性优先权有名无实，只能与抵押权、质权平起平坐，其价值功能难以真正实现。比如若特种债权直接关系到人权保护、公平与正义实现等社会理念，却难以实现。这真是无巧不成拙，也印证了“失之毫厘，谬之千里”的道理。追根溯源在于，为了维护私有制神圣不可侵犯，德国立法者力图建构起以财产归属为中心的民法体系。故此，德国优先权替代制度完全是立法政策之需，只注重法的安全性价值。[②]

---

① 史尚宽：《物权法论》，中国政法大学出版社 2000 年版，第 255 页；徐涤宇译：《智利共和国民法典》，金桥文化出版（香港）有限公司 2002 年版，第 454~459 页；刘保玉、吕文江：《债权担保制度研究》，中国民主法制出版社 2000 年版，第 265 页；刘宗荣：《论海事优先权之法律性质及其优先顺位》，载台湾地区《台大法学论丛》（第 23 卷）第 2 期。

② 温世扬、丁文：《优先权制度与中国物权法》，载《法学评论》2004 年第 6 期。

第三节　优先权模式：意大利模式

《意大利民法典》是以债权本身的价值解决债权冲突。优先权被定位为优先受偿权，[①]是顺序权，是权利人按照法律规定的顺序对债务人财产享有的优先受偿权。优先权包含了先取特权、质权、抵押权，先取特权逻辑上与质权、抵押权是并列关系。先取特权、质权、抵押权及普通债权之间因而可以自由讨论谁优先的问题。优先受偿性成为《意大利民法典》确认和安排债权顺序的唯一因素。普通债权之间、同等先取特权之间[②]的顺序是基于债权重要性相同依同一顺序予以确定。抵押权之间[③]的顺序是基于债权重要性相同或相似依登记时间顺序予以确定，质权之间[④]的顺序通常是除法律另有规定外，基于债权重要性相同或相似依设立时间顺序予以确定。一般先取特权与特别先取特权之间、不同种类的先取特权之间以及先取特权与抵

① 陈本寒：《担保法通论》，武汉大学出版社 1998 年版，第 128 页。
② 《意大利民法典》第 2787 条和第 2800 条。
③ 《意大利民法典》第 2852 条和第 2853 条。
④ 《意大利民法典》第 2787 条和第 2800 条。

押权、质权之间的顺序是依债权重要性大小顺序[1]予以确定。但《意大利民法典》却明定动产质权先于动产特别先取特权，甚至动产一般先取特权，[2]这也是存在缺陷的，但其缺陷是进步中的缺陷，完全可以在进步中得以完善。意大利债权冲突的解决因而是意大利民法依债权本身的价值合理安排债权顺序的产物。

债权冲突的解决在不同国家有不同的解决机制。若是罗马、法国与德国的债权冲突解决机制，债权冲突问题的解决的讨论是没有必要，罗马、法国与德国债权冲突问题主要甚至完全是依设立时间顺序和登记时间顺序予以解决，其解决主要是甚至完全是以担保性为安排和设计债权顺序的标准和因素，其解决机制是由担保权来统摄和涵括的。担保权因而具有解决债权冲突的独立价值。罗马法定抵押权、法国优先权和德国优先权都是担保权的一种，它们因而不具有解决债权冲突的独立价值。但债权顺序的形成原因很多，有些基于生存如劳动债权，有些基于国家利益如税收，至少，以担保性证明有担保物权的债权优先于劳动债权的正当性本身就值得质疑。劳动债权事关人的生存，担保物权不过是提供债权保障，确认担保物权优

① 例如，法律明定的特别先取特权先于法未明定的特别先取特权（《意大利民法典》第2783条）。动产一般先取特权之间的顺序和不同种类的特别动产优先权之间的顺序（除第2777条规定的特别动产先取特权之外）依次是：诉讼费用优先权、动产一般先取特权、特别法规定的优先于任何其他债权的先取特权等（《意大利民法典》第2778条、第2755条、第2770、第2751、第2777条）。不动产特别先取特权之间的顺序依次是：不动产所得税先取特权、税费先取特权、国家对用水许可先取特权、间接税先取特权、对市（镇）不动产的增值部分征收不动产税先取特权、对购买承诺人未执行预备性契约先取特权（《意大利民法典》第2780条）。抵押权与不动产特别先取特权之间的顺序依次是：除抵押权先于间接税优先权和国家用水许可债权的优先权之外，不动产特别先取特权先于抵押权；不动产增值税特别先取特权后于抵押权；继承税先取特权后于在死者死后三个月内登记的抵押权等（《意大利民法典》第2748条和第2774条）。

② 《意大利民法典》第2747条和第2748条。

先于劳动债权无异于认为财产保障比生存保障更为重要，将生存理由置于财产理由之下，与现代社会的公平正义[①]格格不入。因此，罗马担保权、法国担保权和德国担保权实际上不能有效地实现解决债权冲突的独立价值。而意大利的债权冲突解决机制中，债权冲突问题主要是基于债权本身的价值依债权重要性大小顺序予以解决，其解决不是以担保性而是以优先受偿性为安排和设计债权顺序的唯一标准与因素。其解决机制是由优先权来统摄和涵括的，意大利优先权因而具有解决债权冲突的独立价值。意大利优先权基于债权的本身的价值不但依设立时间顺序和登记时间顺序而且依债权重要性顺序解决债权冲突问题，这就使之能有效地实现解决债权冲突的独立价值。

意大利模式实现优先权立法错位的回归，无不归因于担保物权本质上是优先权。

依大陆法民法传统，包括用益物权和担保物权在内的他物权仅是所有权的某权能，是一种不充分的物权，依附于所有权。它实际上反映了法国大革命所宣扬的自然法思想和个人中心主义，体现了法国大革命以来所确立的所有权绝对不可侵犯或绝对自由原则，也反映了资本主义私有制。即便这种意义上的他物权能较大程度上解决财产利用问题，但终将逃不出所有权的魔掌。故而，有学者认为，应确立他物权的优位，并依法将他物权与所有权置于平等地位，[②]以促进交易，减少成本，实现财产的充分利用，达到物尽其用的功效。而在立法上，《瑞士民法典》第四编物权法也确立了他物权的优位，即将物权法编分为所有权、限制物权及占有和土地登记簿三

① 现代社会以人为本。宋剑华:《新文学对传统文化的批判与承续》,载《中国社会科学》2014年第11期。

② 周林彬:《物权法新论——一种法律经济分析的观点》，北京大学出版社2002年版，第560页。

分编。[①] 这是否意味着承认了他物权的独立性，就可以认定担保物权本质上是优先权呢？要回答此问题，需重点考究担保物权的性质。但此问题历来颇具争议，学理上大致形成了债权说、物权说、中间权利说、价值说、未来所有权说、非统一说六种学说。

其中，日本我妻荣先生持非统一说的观点，并认为日本民法典中四类担保物权的内容各异，对其本质属性作出统一解释非常困难。换言之，按物权说[②]的观点，能很好地诠释先取特权和留置权的本质，但无法诠释抵押权的本质。而债权说[③]的观点能真实反映抵押权的特征，说明抵押权与质权的本质，但无法解释留置权与一般优先权。但从优先权的价值功能看，留置权和优先权均直接或间接地突破了债权人平等的原则。价值说[④]则能准确地描述和反映质权和留置权的特征和本质属性，因为它们都能排除支配标的物的交换价值。但质权可否为独立价值权并不明确，因为质权也有留置的效力。当质权不再具有留置效力时，为独立价值权也是可能的。比如在股份和债券等上设立的质权已经不再具有留置的效力，权利人只关注其交换价值。此外，抵押权若脱离债权，自然能为独立的价值权。[⑤] 其实，我妻荣先生也积极肯定了现代担保物权的独立性，并承认了担保物权既非物权也非债权。因此，非统一说实际上是价值说，但若将担保物权定性为价值权也是欠妥的。因为依政治经济学理论，担保权人不可支配价值和交换价

---

① 戴永盛译：《瑞士民法典》，中国政法大学出版社 2016 年版，第 221~320 页。

② 王利明：《物权法论》，中国政法大学出版社 2003 年版，第 547 页；陈本寒：《担保物权法比较研究》，武汉大学出版社 2003 年版，第 108 页。

③ 佟柔：《民法原理》，法律出版社 1982 年版，第 201 页；陈本寒：《担保物权法比较研究》，武汉大学出版社 2003 年版，第 107 页。

④ 史尚宽:《物权法论》，中国政法大学出版社 2000 年版，第 16 页；徐海燕、李莉:《物权担保前沿理论与实务探讨》，中国法制出版社 2012 年版，第 12~14 页。

⑤ ［日］我妻荣：《新订担保物权法》，申政武、封涛等译，中国法制出版社 2008 年版，第 15~16 页。

值。[①] 而且，无论从担保物权的支配性角度看，还是从该项权利的实现角度看，担保物权既非物权，也非债权。

于是有学者将担保物权的性质认定为中间状态的权利和未来所有权，"中间权利说"[②] 和"未来所有权说"[③] 自然就产生了。但前者的致命缺陷是以物权和债权呈现出的特点来诠释担保物权的性质无疑是欠妥的，也是不符合逻辑的。因为其实"物权化的债权"，要讲清楚物权化了的债权是什么权。"债权化的物权"，也得告知债权化了的物权该归入哪里？[④] 但该学说并未解决此问题。而后者的致命缺陷在于即使依传统所有权理论，"担保物权人享有担保物的预期处分权"也只是所有权的一项权能。其实，处分权并非所有权专利。[⑤] 即使债务人不能履行债务，也可通过金钱和抵债等方式来清偿债务。因此，未来所有权说既是不符合逻辑的，也是不能自圆其说的。

其实，担保物权只是保证债权优先受偿，债权人并不具有取得担保物的权利。也就是说，担保物权只是实现债权的一种方式。实际上，担保物权之所以产生是因为在现实生活中，若债务人处于相对弱势地位，债权人基于诸多顾虑不愿意与之交易，为了鼓励和促进交易、实现财产的充分利用、达到物尽其用、增加社会财富的目的，立法者通过制度安排赋予债权人对担保物享有比其他债权人优先清偿的权利。易言之，立法者仅是赋予了债权人将来优先取得担保物价款的可能性，若债务人以抵债、金钱等方

---

① 孟勤国、黄莹：《中国物权法的理论探索》，武汉大学出版社 2004 年版，第 359~360 页。

② 陈祥健：《担保物权研究》，中国检察出版社 2004 年版，第 4~6 页；高圣平：《担保法论》，法律出版社 2009 年版，第 245 页。

③ 徐海燕、李莉：《物权担保前沿理论与实务探讨》，中国法制出版社 2012 年版，第 13~14 页。

④ 孟勤国：《物权二元理论与传统物权理论的重大分歧》，载《山东警察学院学报》2005 年第 6 期。

⑤ 孟勤国：《物权二元理论与传统物权理论的重大分歧》，载《山东警察学院学报》2005 年第 6 期。

式清偿了债务，自然就丧失了此项权利。故此，担保物权也并非为中间权利和未来所有权。这就说明担保物权制度实际上是解决债权人与其他债权人之间因债务无法履行时就担保物如何分配的最终手段罢了。因为债务人的一般财产是保护债权的最终手段。[①] 质言之，担保物权是解决债权人与其他债权人之间的权利冲突问题的一种方式而已。据此，依现代民法理论，担保物权本质上是优先权的一种。担保物权设定以后，只是对担保物产生一定的限制，担保物权本身并不支配这个物，因此它不是物权。其实，担保物权是顺序优先的权利。现今，如前所述，我国不少中青年学者也肯认了担保物权不是物权的观点。

而且，有些国家民法典也进行了调整，认可了担保物权是优先权的一种，但性质有所不同。在大陆法中，法国民法的立法者认为质押和抵押也被认为是优先权制度的部分内容，[②] 但性质为担保物权。而《魁北克民法典》[③]的立法者认为第 2647 条的优先权和抵押权为有效受偿的法定原因，将抵押权分为约定抵押权和法定抵押权，并认定优先权和担保物权都是债权的保护手段[④]。此外，《马耳他民法典》[⑤]的立法者也认为合法的优先事由包括优先权、抵押权和遗产分别利益，但将其认定为取得和移转财产及其他物权的方式。而且，《意大利民法典》[⑥]第 2741 条第 2 款明定，优先权的法定原因有先取特权、质权、抵押权，却被认定为权利的保护方法。英美法也认可抵

---

① ［日］我妻荣：《新订担保物权法》，申政武、封涛等译，中国法制出版社 2008 年版，第 1 页。

② 尹田：《法国物权法》，法律出版社 1998 年版，第 459 页。

③ 孙建江、郭站红、朱亚芬译：《魁北克民法典》，中国人民大学出版社 2005 年版，第 321 页。

④ 孙建江、郭站红、朱亚芬译：《魁北克民法典》，中国人民大学出版社 2005 年版，第 14 页。

⑤ 李飞译：《马耳他民法典》，厦门大学出版社 2012 年版，第 405~413 页。

⑥ 费安玲、丁玫译：《意大利民法典》，中国政法大学出版社 1997 年版，第 721~741 页。

押权和质权是优先权。因为，美国法优先权（Lien）近似于我国《担保法》上的物的担保，有法定创设和意定创设两种。[①] 比如，《纽约州民法典草案》[②] 第 1453~1456 条明定，优先权是以特定的财产清偿一项债权，或在此等债权受偿前留置特定财产的权利。抵押权、判决、技工的留置权均为优先权。又如，《路易斯安那民法典》[③] 第三编（取得物的所有权的不同方式）第 3185 条也明定，合法的优先原因为优先权和抵押，但抵押由第三编第 22 条抵押单独规定。据此，域外立法经验也表明，担保物权也是优先权。

值得注意的是，德国模式与法国模式的上述错位仍在继续，但其优先权制度也并未拙劣于意大利模式。探究其缘由有二。

1. 旨在解决财产利用中债权冲突问题的优先权制度是随着社会的变迁与发展而得以被认知和关注的。因为，经济社会的发展会促进人们“权利意识的普遍觉醒和人的主体能力的普遍提高”，[④] 权利意识的发展和变革才成为可能 [⑤]。也就是说，人类社会对债权冲突问题的关注程度取决于权利冲突存在的广泛性与普遍性，以及由此而产生的债权冲突激烈对抗性和引发的一系列社会经济问题。因为债权冲突和利益冲突均遵循从起点到激烈对抗的强度展开过程和从某一方面扩展到其他各方面、从某一层次扩展到其他层次的展开过程。[⑥] 而债权冲突所引发的一系列社会经济问题的严重程度较

---

① 郑天娇：《美国优先权制度研究——兼议对中国法的借鉴意义》，吉林大学 2009 年博士学位论文，第 26 页。

② ［美］戴维·达德利·菲尔德：《纽约州民法典草案》，田甜译，中国大百科全书出版社 2007 年版，第 269 页。

③ 娄爱华译：《路易斯安那民法典》，厦门大学出版社 2010 年版，第 375~396 页。

④ 陈忠：《城市权利：全球视野与中国问题——基于城市哲学与城市批评史的研究视角》，载《中国社会科学》2014 年第 1 期。

⑤ 杨春福：《权利法哲学研究导论》，法律出版社 2000 年版，第 75 页。

⑥ 张玉堂：《利益论——关于利益冲突与协调问题的研究》，武汉大学出版社 2001 年版，第 102 页。

大程度上由一个国家或地区的债权冲突解决机制的完善程度和社会经济发展水平所决定和影响，也与一个国家或地区的社会资源和人口因素密切相关。在简单商品经济处于支配地位的社会中，比如原始社会，财产所有处于统治地位，财产利用往往主要表现为所有人自己利用，[①] 因此所有权能很好解决之。即使财产利用表现为他人利用，债法也足以解决。为了保证债权的实现，担保权也能有效地解决社会生活中产生的债权冲突问题。结果，债权冲突问题自然也就不会十分普遍，也不会引发严重的社会问题。当债权冲突问题日趋激烈、广泛而备受关注和高度重视时，无疑会发生因经济社会发展而引发社会资源缺乏、贫富差距拉大、社会公平正义丧失等一系列问题。这时，所有权、债法及担保物权无法满足调整财产归属、利用及其产生的债权冲突关系的需要。罗马法上的法定抵押权及其孕育的优先权观念形成之时，罗马还处于原始社会后期，处于奴隶制度经济的衰落时期。即使是 19 世纪初《法国民法典》首次确立优先权概念及其制度，当时的法国仍旧处于封建社会的末期，仍然是农业国家。[②] 因而发生上述那种错位也是理所当然的。即便 20 世纪初德国已经处于资本主义垄断阶段的过渡时期，财产利用程度空前频繁，也仅诞生了遭遇冷遇的优先权替代制度。当然，大陆法国家由此也进行了相应调整。在法国模式下，为了实现减少交易成本、保护交易安全的目的，《法国民法典》对优先权的公示与保存设专节规定及对不动产优先权采取法定公示手段来化解优先权法定性与公示原则之间的矛盾。另外，日本民法对优先权制度的发展与完善，德国民法中除保全抵押之外，土地债务、定期土地债务和流通抵押权三种担保物权均实现债券化 [③] 等。

① 孟勤国：《占有概念的历史发展与中国占有制度》，载《中国社会科学》1993 年第 4 期。
② 尹田：《法国物权法》，法律出版社 1998 年版，第 17 页。
③ 宋宗宇：《优先权制度研究》，法律出版社 2007 年版，第 17 页。

2. 大陆法担保物权弥补了优先权上述错位的不足。罗马法时代就创设抵押权、质权以力图解决债权冲突的问题，而近代大陆法就建构起以抵押权、质权、留置权为核心的担保物权体系来解决债权冲突问题。而担保物权机制由此调整了部分本应由优先权制度调整的社会关系，故而，优先权的上述错位也就无关紧要，不足挂齿。但随着社会的变迁与发展，尤其是经济全球化的今天，财产利用导致的债权冲突问题日趋频繁和激烈，由此也使优先权问题尤为突出和显著，进而呈现出独立之姿态，有日益摆脱物权（担保物权）和债权之发展态势。这就意味着现今社会需提供一种独立的债权冲突保护机制来加以调整。故而，中国优先权制度超越法国模式和德国模式的立法错位，无疑是妥洽的、适宜的立法抉择。

从一国的立法实践经验出发，只能得到罗马、法国、德国及意大利的债权冲突解决机制，这些债权冲突解决机制能帮助我们了解和分析特定国家的债权冲突机制，但不足以指引中国民法典解决债权冲突问题。中国民法典需要从理论上和我国国情出发解决债权冲突问题。一方面，我国应以债权本身的价值解决债权冲突，应以优先受偿性为主，担保性为辅为我国民法典安排和设计债权顺序的标准和因素，应以优先权概念统摄和涵括我国债权冲突解决机制，由此赋予优先权解决债权冲突的独立价值。同时，我国优先权除法律另有规定外应根据债权的重要性依同一顺序、时间顺序和债权重要性大小顺序解决我国的债权冲突问题。另一方面，我国现行债权冲突解决机制的不完善使债权冲突问题日趋尖锐甚至引发了社会不公、贫富差距及弱势群体保护等一系列经济社会问题。

第三章 优先权模式与担保权模式下的具体规则体系

自罗马法以来，大陆法系国家形成了三大各具特色的法国担保权模式下的具体规则体系、德国担保权模式下的具体规则体系和意大利优先权模式下的具体规则体系。

第一节　法国担保权模式下的具体规则体系

法国民法将罗马法的法定抵押权改造为优先权，界定了优先权概念，[①] 并将其分为一般优先权和特别优先权。前者又分为动产一般优先权和不动产一般优先权；后者又分为动产特别优先权和不动产特别优先权两种，建构起以债务保全为中心的优先权类型体系以实现其价值功能。由于物的担保和债权在 1804 年《法国民法典》中被视为是取得财产的方式，[②] 形成以优先权解决特别债权优先受偿的一元模式。2006 年 3 月，法国担保制度改革实现担保权独立成编，优先权也相应置于第四编担保 [③] 之中。基于法国"动产和不动产的区分构成了财产法律制度的实质性的基础"，[④] 法国法将物的担

① 《法国民法典》第 2324 条规定：优先权是指因债权的品质而给予债权人先于其他债权人甚至抵押权人而受清偿的权利。
② 王卫国：《现代财产法的理论建构》，载《中国社会科学》2012 年第 1 期。
③ 李世刚：《关于法国担保制度的改革》，载《法律与政治》2007 年第 3 期。
④ 李世刚：《关于法国担保制度的改革》，载《法律与政治》2007 年第 3 期。

保分为动产担保和不动产担保。前者是指动产优先权、有体动产质权[①]、无形动产质权[②]和以担保名义留置或让与所有权[③]；后者是指不动产优先权、不动产质权和抵押权[④]。

法国法确立了抵押权、质权与优先权之间竞合时的顺位原则：[⑤]同一顺位的诸优先权债权人按各自债权的数额平等受偿；在优先权债权人之间，优先受偿的顺序按照各自的优先权的不同品质处理；国库权益享有的优先权及其行使顺序，按照与之有关的法律规定，但国库不得损害第三人此前已经取得的权利而取得优先权。由此建构起法国抵押权、质权与优先权之间竞合时的顺位规则体系，即抵押权之间竞合的顺位、有体（无体）动产质权之间竞合的顺位、优先权之间竞合的顺位、优先权与质权（抵押权）之间竞合的顺位。

一、抵押权之间竞合的顺位和有体（无体）动产质权之间竞合的顺位

1. 抵押权之间竞合的顺位。[⑥]法国抵押权是指对用于担保某项债务清偿的不动产的一种物权。其可依法律规定、法院判决或当事人订立合同而

① 《法国民法典》第 2333 条规定：有体动产质权是指设质人给予债权人就某项有体动产或现有的或将来的全部有体动产优先于其他债权人受清偿之权利的契约。

② 《法国民法典》第 2355 条规定：无形动产质权是指，将现有的或将来的某项无形动产或全部无形动产用于担保某项债务。

③ 《法国民法典》第 2367 条规定：财产所有权可以因保留所有权条款的效力受到留置、作为担保。第 2372-1 条规定：动产或权利的所有权，得根据财产托管合同，以担保某项债务的名义让与之。

④ 《法国民法典》第 2393 条规定：抵押权是指对用于担保某项债务清偿的不动产的一种物权。

⑤ 《法国民法典》第 2325 条、第 2326 条、第 2327 条。

⑥ 罗结珍译：《法国民法典》，北京大学出版社 2010 年版，第 534~535 页。

设定，由此产生了法国法上的法定抵押权[①]、裁判抵押权[②]和约定抵押权[③]。因它们的客体均仅为不动产而需在法律允许的情况下并按照法律允许的形式（如登记）设立抵押权。因此，用于担保债务清偿的同一不动产上可能会发生数个抵押权之间竞合的情形。于是，法国法明定无论是法定的抵押权、裁判上的抵押权还是约定的抵押权，债权人之间抵押权的顺位（rang），仅自债权人按照法律规定的形式和方式在抵押权登记处进行登记之日确定。同一日就同一不动产申请的数起抵押权登录，依据载明最早日期的证书申请进行的登录，视为取得在先顺位，无论在第 2453 条所指的登记簿上的进行登记时的顺序如何。但是，在第 2386 条第 2 款所指情况下进行的第 2383 条所指的分别概括财产登录以及第 2400 条第 1 项、第 2 项、第 3 项所指的法定抵押权的登录，其顺位视为先于同一日进行的任何裁判上的抵押权和约定的抵押权登录而产生的顺位。如同一日就同一不动产依据第 2 款所指的载有相同日期的证书进行数起抵押权登记，或者为持有第 3 款所指的抵押权与优先权的申请人的利益进行的数起抵押权登录，无论在前述登记簿上进行登记的顺序如何，各项登录均取得相同的顺位。国库的法定抵押权的登录或保全性裁判抵押权的登录产生的顺位，在此种抵押权的登录先于增加担保负担的协议的公告时，视为先于此种协议所赋予的顺位（此规定

① 《法国民法典》第 2400 条规定，除其他法典与特别法规定的法定抵押权之外，可以赋予其法定抵押权的权利与债权是指：（1）夫妻一方的权利与债权对另一方财产享有法定抵押权；（2）未成年人或受监护的成年人的权利与债权对监护人或法定管理人的财产享有法定抵押权；（3）国家、省、市政行政区、公共机构的权利与债权，对税收人员与会计人员的财产享有法定抵押权；（4）受遗赠人依据第 1017 条的规定的权利与债权对遗产财产享有法定抵押权；（5）第 2331 条第 2 项、第 3 项、第 5~8 项列举的权利与债权享有的法定抵押权。

② 《法国民法典》第 2412 条规定：裁判上的判决（判决设立的抵押权），依据终局的或先予执行的对席判决或缺席判决，为取得该判决的人的利益而设立。

③ 《法国民法典》第 2413 条规定：约定的抵押权只能由对用于抵押的不动产有转让能力的人同意设立。

适用于强制社会保险管理机构的法定抵押权的登录）。此外，享有优先权或抵押权的债权人与仓库存货单持有人之间，在仓库存货单持有人对视为不动产的财产享有质权担保的限度内，按照各自的证书公示的日期，确定优先权的顺位；库存货单的公告，受规定此种事项的特别法律的约束。

2. 有体（无体）动产质权之间竞合的顺位。一是有体动产质权之间竞合的顺位。2006 年法国担保制度改革抛弃了以往法国法动产质权需转移占有的观念，将动产质权分为转移占有的质权和不转移占有的质权，并通过登记和占有质物来对抗第三人。由此法国法明定，在同一有体动产上存在数个不转移占有的且登记的动产质权的，其顺位依登记的先后确立（第 2340 条第 2 款）。而在同一有体动产上先设立了不转移占有但已登记的质权，之后又设立了转移占有的质权的，则前者优先于后者（第 2340 条第 2 款），此规定旨在限制第 2279 条（动产，占有即有权）的适用。二是无体动产质权之间竞合的顺位。因“无形动产质权由有体动产质权之规则调整”（第 2355 条第 5 款）而使无体动产质权之间竞合的顺位与有体动产质权之间竞合的顺位相同。

二、优先权之间竞合的顺位

1. 一般优先权之间竞合的顺位。一是动产一般优先权之间竞合的顺位。其次序是：诉讼费优先权；丧葬费优先权；医疗费优先权等（第 2331 条）。但国库与社会保险金管理处的优先权除外；国库优先权的顺位由与之相关的法律规定，社会保险金管理处的优先权与薪金雇员的优先权按同一顺序受偿（第 2332-2 条）。二是不动产一般优先权之间竞合的顺位。其次序是：诉讼费用优先权；劳动工资优先权等（第 2375 条）。但在没有动产的情况下，前列举的优先权债权人与其他对不动产享有优先权的债权人一起就出卖该不动产的价金受偿时，先于后者并按第 2375 条规定的顺位受偿（第 2376 条）。

2. 特别优先权之间竞合的顺位。一是动产特别优先权之间竞合的顺位。（1）同种类动产特别优先权之间竞合的顺位。法国法确立了以下原则[①]：基于保存费用的理由而创设的优先权发生冲突时，适用倒序原则。因为无最后一次保存费用易使物毁损，不利于在先保存费用的实现；基于设定质权的理由而创设的优先权之间发生冲突时，其顺位应按质权之原则，依其质权成立的先后次序决定；基于债务人财产增值或增加的理由而创设的优先权冲突时，一般按债权发生的先后时间确定。因为无先前行为便无后发生的行为。（2）不同种类动产特别优先权之间竞合的顺位。法国法明定了不动产出租人、动产保管人与出卖人的特别优先权按照以下顺序行使：保管费后于其他优先权产生时，保管人的优先权（最先行使）；其次是出租时不知道存在其他优先权的不动产出租人的优先权；再次是保管费先于其他优先权产生时，保管人的优先权；复次是动产出卖人的优先权；最后是出租时知道存在其他优先权的不动产出租人的优先权。此外，同一动产的所有保管人之间，优先受偿权给予最近的保管人；在同一动产的先后出卖人之间，优先受偿权给予最早的出卖人。值得注意的是，就适用上述规则而言，旅馆经营者的优先权视同不动产出租人的优先权；家庭劳动者的领取薪金的助手的优先权视同动产出卖人的优先权（第 2332-3 条）。而其他冲突规则依各债权人之间，依各自优先权的不同性质确定优先权的顺位（第 2325 条）。二是不动产特别优先权之间竞合的顺位。因法国通过登记保全不动产特别优先权的效力，故同一不动产上存在两个以上不动产特别优先权的，且在法定期限内完成登记的，依所担保债权发生的时间先后定顺位

---

① 宋宗宇：《优先权制度研究》，法律出版社 2007 年版，第 156 页。

（第 2370 条、第 2380 条、第 2381 条、第 2383 条），若在法定期限届满后登记的，其退化为抵押权，依登记的先后确定其顺位。但例外的是，建筑师和承揽人的优先权属于第一顺位。但这类优先权只能设定于有关工程对不动产所赋予的增值部分，且其行使不应使抵押权人受损[①]。

3. 一般优先权与特别优先权之间竞合的顺位。一是动产一般优先权与动产特别优先权之间竞合的顺位。除另有规定之外，后者优于前者（第 2331–1 条）。[②] 此规定弥补了 1804 年《法国民法典》未加以明定的缺陷。二是不动产一般优先权与不动产特别优先权之间竞合的顺位。在没有动产的情况下，前者优于后者，并按第 2376 条规定的顺位受偿。即不动产一般优先权的顺位次序为：诉讼费用优先权；工资、报酬、补偿金优先权；不动产特别优先权（第 2376 条）。

三、优先权与质权、抵押权之间竞合的顺位

1. 优先权与质权之间竞合的顺位。一是一般优先权与动产质权之间竞合的顺位。由于一般优先权客体为动产和不动产，所以动产质权一般会同动产一般优先权发生竞合。因动产质权为动产特别优先权的一种（第 2332 条第 2 款）而使动产一般优先权与动产质权之间竞合的顺位实为动产一般优先权与动产特别优先权之间竞合的顺位。由于除另有规定之外，（动产）特别优先权优先于一般优先权（2006 年 3 月 23 日第 2006–346 号法令），所以除另有规定外，动产质权优先于一般优先权。这就解决了 1804 年《法国民法典》未明定优先权与质权之间竞合的顺位问题。二是不动产优先权与

① 尹田：《法国物权法》，法律出版社 2009 年版，第 520 页。

② 《法国民法典》第 2332–1 条（2006 年 3 月 23 日第 2006–346 号法令）规定：除另有规定外，（动产）特别优先权优先于一般优先权。

不动产质权之间竞合的顺位。虽然不动产质权客体为不动产且以占有为要件，但为了凸显优先权的立法意旨，法国法确立二者竞合时，前者优先于后者（原第2091条）。

2. 优先权与抵押权之间竞合的顺位。因法国抵押权仅以不动产为标的，故同一不动产上会发生不动产优先权与抵押权竞合的情形。《法国民法典》第2462条（1804年《法国民法典》并未加以明定，1959年1月7日第59–89号法令）明定，就某一不动产享有已登录的优先权或抵押权的债权人，无论就不动产转入何人之手，均得追随保持其权利，并按照债权顺位与登录顺序（2006年4月21日第2006–461号法令将"与排列顺位改为登录顺序"）受偿。依此规定，由于法国不动产优先权和抵押权均需在法定期限内登记，若二者发生竞合且在法定期限内登记完成的，其顺位依担保债权发生的时间先后而定；若二者并非在法定期限内完成登记的，则依登记先后定其顺位。值得注意的是，《法国民法典》第2386条第1款规定，对已用于担保优先权债权的不动产登记的抵押权，在第2379条（不动产买卖优先权）、第2381条（不动产分割优先权）与第2383条（被继承人、受遗赠人优先权）给予的申请优先权登录的期限内，不得损害优先权债权人的利益。依此规定，在法律要求优先权登录的期限内，即使抵押权登记先于优先权，也不能优先于优先权受偿。但是，若抵押权在法律要求优先权登录的期限之前已登录的，则抵押权优先于不动产优先权。

法国模式下，优先权与质权和抵押权一样作为担保权是没有逻辑困难的。虽然法国的担保权在后世民法学者看来与担保物权没有什么不同，但这不是法国民法典的本意。法国民法典没有物权和债权的划分，后世关于法国物权法之类[①]的说法其实是指法国民法典的所有权等相当于德国民法的物权。质权、抵押权在法国民法典中没有担保物权的实质意义和地位，当然也不存在物权优先债权的先验理由，因而可与优先权平等讨论谁优先的问题。法国民法典有优先权与质权竞合和优先权与抵押权竞合，[②]而且优先权与抵押权竞合的效力通常依债权顺位与登录顺序确立[③]使优先权可以优先于所谓的担保物权。显然，法国民法典是以生活经验作为决定权利顺序的要素，“登记先后”是一种所有人都能理解的时间概念。尽管后世民法学者总想给法国民法典穿上物权和担保物权的外衣，[④]但所谓担保物权是债的担保，作为财产取得的方式始终是法国民法典的真实面容，担保重要性的提升也仅仅体现在2006年法国民法典将担保独立成编，并没有改变优先权也可优先于所谓担保物权的传统。就此而言，法国模式比德国模式贴近现实生活。但是，法国模式同样将优先权视为有别于质权、抵押权的权利，无视权利实现顺序先后是这些权利的共同本质的事实。

第二节　德国担保权模式下的具体规则体系

德国法因继受日耳曼法上的抵押权制度而创设法定质权制度[⑤]来实现法

① 从罗马法到法国民法典，都没有独立的“物权”和“物权法”概念。王卫国：《现代财产法的理论建构》，载《中国社会科学》2012年第1期。

② 沈明达：《法国/德国担保法》，中国法制出版社2000年版，第94~95页。

③ 郭明瑞、仲相、司艳丽：《优先权制度研究》，北京大学出版社2004年版，第141~142页。

④ 徐国栋：《罗马私法要论——文本与分析》，科学出版社2007年版，第173页。

⑤ 在不影响公示原则的情况下，优先受偿权作为法定质权，只分布在几个规定中。[日]近江幸治：《担保物权法》，祝娅等译，法律出版社2000年版，第32页。

国优先权制度所调整的社会关系。

动产质权系某一动产可以为担保债权而以债权人有权从该动产中寻求受清偿的方式，被设定负担。质权也可以为将来的或附条件的债权而设定。[①]其分为法定质权和约定质权。[②]法定质权是指依法律规定而发生的质权，[③]是动产质权[④]的一种，属于法定担保权。其种类主要包括德国民法典中提存人的法定质权[⑤]、出租人的法定质权[⑥]、使用租赁物出租人的法定质权[⑦]、土地用益出租人的法定质权[⑧]、农业土地用益租赁出租人的法定质权[⑨]、用益租赁出

---

① 《德国民法典》第1204条。

② 《德国民法典》第1257条规定：关于以法律行为设定的质权的规定，准用于依法律规定而发生的质权。

③ 《德国民法典》第1257条规定：关于以法律行为设定的质权的规定，准用于依法律规定而发生的质权。

④ 《德国民法典》第1204条规定：某一动产可以担保债权而以债权人从该动产中寻求受清偿的方式，被设定负担（质权）。

⑤ 《德国民法典》第233条规定：担保物客体为提存金钱或有价证券的，在提存时，债权人取得被提存的金钱或被提存的有价证券上的质权，并且，金钱或有价证券的所有权转移给国库或被指定为提存所的机构的，债权人取得偿还请求权上的质权。

⑥ 《德国民法典》第562条规定：就出租人因使用租赁关系而发生的债权而言，出租人享有承租人所携入的物上的质权。该项质权不及于不可予以扣押的物。

⑦ 《德国民法典》第581条第2款规定：以第582条至第584b条不另有规定为限，关于使用租赁合同的规定必须准用于农业用地用益租赁合同以外的用益租赁合同。

⑧ 《德国民法典》第583条规定：为与被一并租赁的附属物有关的、对用益出租人的债权的利益，土地的用益承租人享有其所占有的附属物物件上的质权；用益出租人可以通过提供担保来避开用益承租人对质权的主张。用益出租人可以通过提供数额为各附属物件额的担保，使各附属物件免受质权的支配。

⑨ 《德国民法典》第585条规定：因农业用地用益租赁合同，带有用于土地的经营的供人居住的建筑物或杂用建筑物（土地经营建筑物）的土地，或不带有此种建筑物的土地，主要地为农业而被用益出租。农业是指以获取植物或动物出产物为目的的土地经营和与土地的使用有关的动物饲养以及园艺生产。农业用地用益租赁合同，适用第581条第1款和第582条至第583a条，以及以下特别规定。

租人的法定质权[①]、承揽人的法定质权[②]、旅店主的法定质权[③]、以及德国商法典中行纪人的法定质权[④]、承运人的法定质权[⑤]、运输代理人的法定质权[⑥]、仓库营业人的法定质权[⑦]、种子（肥料）供给人的法定质权[⑧]等。

因准用以法律行为设定的质权（约定质权）的规定[⑨]而使法定质权与约定质权的法律效力相同[⑩]。这就排除了对特殊债权中的特殊债权人予以优先保护的可能。因而德国法定质权制度与法国优先权制度的功能及其所调整社会关系的保护程度与范围并非完全相同。

---

① 《德国民法典》第592条规定：就因用益租赁关系而发生的出租人债权而言，出租人享有对承租人所携入的物上的质权以及用益租赁物的孳息上的质权。不得就将来的损害赔偿债权而主张质权。除《德国民事诉讼法》第811条第1款第4项所称的物外，质权不及于不可予以扣押的物。准用第562a条至第563c条的规定。

② 《德国民法典》第647条规定：承揽人所制作或修缮的定作人的动产，在第634a条第2款和第641条、第644条和第645条的情形下，以工作的完成代替验收。例如，汽车修理厂的主人就其修理好的汽车，享有此种法定质权。

③ 《德国民法典》第704条规定：就旅店主人对居住和其他为满足客人的需要而向客人提供的给付的债权，包括对垫付款的债权，旅店主人享有客人的携入物上的质权。准用第562条第1款第2句和第562a条至第562d条关于使用出租人质权的规定。

④ 《德国商法典》第397条规定：行纪人就其支出的费用、佣金、预付借贷款及其他债权对于其占有的行纪财产的法定质权。

⑤ 《德国商法典》第397条规定：承运人因由货运合同（包括运输代理或仓库营业合同）设定的一切债权，对于运送货物的法定质权。

⑥ 《德国商法典》第464条规定：运输代理人因由运输代理合同（包括货运和仓库营业合同）设定的一切债权对于货物的法定质权。

⑦ 《德国商法典》第475b条规定：仓库营业人因由仓库营业合同（包括货运和运输代理合同）产生的一切债权对于货物的法定质权。

⑧ 《为确保肥料与种子的供给的法律》第1条规定：种子、肥料供给人就其债权对土地出产果实享有的法定质权。

⑨ 《德国民法典》第1257条规定：关于以法律行为设定的质权的规定，准用于依法律规定而发生的质权。

⑩ 《德国民法典》第1249条规定：一旦债务人有权给付，因质物的让与而会失去质物上的权利的人就可以使质权人清偿。清偿也可以以提存或抵销为之，且第三人使债权人受清偿的，债权转移给该第三人。不得使债权人受不利益而主张该项转移。

德国法上的禁止扣押[①]及扣押保护[②]制度、清偿顺序制度[③]具有债权在破产或诉讼执行阶段的特殊效力，仅于分配债务人的特定财产或一般财产时享有较其他债权优先的顺序。这些制度却被学者认为是“债权性质的优先权（债权优先权）”。[④]而法定质权本为法定担保权却被学者认为是“物权性质的优先权（物权优先权）”，并将此两种优先权统称为优先权替代制度。[⑤]此外，继受德国法的我国台湾地区审判主管机构将优先权分为物权优先权与债权优先权，前者如抵押权，后者如海商法上之优先受偿权及矿场法上之优先受偿权，并认为债权优先权虽亦担保物权，目的在以债务人之总财产或特定财产，依法律之规定先于其他债权受偿，但两者之效力，则有差异。一般担保物权因其具有对世效力，故原则上应以物权之效力为优先。[⑥]

---

① 禁止扣押是指德国诉讼法中对债务人所有的特定财产不得扣押和强制执行的制度。“债务人所有的特定财产”为维持债务人个人或其家庭生活所用之物；农具、牲畜及肥料；未成年人等弱势群体的生活所需之必需品；债务人及其家属在四周内所需之食物等（《德国民事诉讼法》第 811 条）。

② 扣押保护是指德国诉讼法中对劳动所得不受扣押的制度。郭明瑞、仲相、司艳丽:《优先权制度研究》，北京大学出版社 2004 年版，第 150~151 页。“劳动所得”为公务员的薪金与补助金、劳动工资与劳务工资、退休金及类似收入、遗属补助费及一切种类的服务报酬（《德国民事诉讼法》第 850 条）。

③ 德国清偿顺序制度系破产程序的费用及其他破产财产债务得从破产财产中预先扣除；破产管理人将动产或债权变价后，须从变价收益中首先扣除该等财产的查证及变价费用；破产管理人将其依第 166 条规定有权变价的财产交由债权人变价的，债权人应从其所行变价收益中预提查证及营业税（《德国破产法》第 53 条、第 170 条）。

④ 德国模式优先权的性质呈现多样化的态势，存在债权性质的优先权和物权性质的优先权之分。王泽鉴:《民法学说与判例研究》（第 1 册），中国政法大学出版社 1998 年版，第 498 页。

⑤ 需说明的是，德国法上并未出现“优先权”的字样，只是学者们基于德国优先权替代制度与法国优先权制度功能相同，将德国优先权替代制度统称为优先权。本文为便于论述持此观点。

⑥ 王泽鉴:《民法学说与判例研究》，中国政法大学出版社 2005 年版，第 469 页。

因物权性质的优先权以债务人的特定财产为担保财产符合物权特定原则和物债二分原则而被明定于德国物权篇之中。因债权性质的优先权以债务人的全部财产为担保财产而违背物权特定原则，将其明定于破产法等程序法之中。因而有学者认为德国形成了法定担保物权和优先破产债权解决特别债权优先受偿的二元模式。[①] 依此学者的观点，德国的优先权依然以"法定性"和"特定目的性"为要件，但物债二分原则、物权特定原则、严格规则主义使物权性优先权趋向于担保物权。《德国民法典》物权编的法定质权是收容物权性质的优先权的场所，见于《德国民法典》和《德国商法典》[②]之中的物权性质的优先权，与约定质权具有相同的法律效力，从而成为担保物权。债权性质的优先权以其有限对世性[③]存在于破产法、民事诉讼法和强制执行法等，因而定位为债权在破产或诉讼执行阶段的特殊效力，而并非构成独立的实体权利。

但认可德国优先权替代制度的学者和司法机关忽略了一个关键的事实，

① 孙新强：《我国法律移植中的败笔——优先权》，载《中国法学》2011 年第 1 期。

② 《德国民法典》主要规定法定质权于以下条文：第 233 条和第 562~562d 条、第 581 条第 2 款、第 583 条和第 585 条、第 592 条、第 647 条和 704 条；《德国商法典》第 397 条、第 441~443 条、第 464 条、第 475b 条、第 623 条、第 674 条、第 726 条、第 726a 条、第 731 条、第 752 条、第 752a 条、第 755~764 条等。

③ 宋宗宇：《优先权制度研究》，法律出版社 2007 年版，第 77 页。

即法国法上也存在禁止扣押[①]和破产清偿顺序[②]等制度。因而德国民法典中的优先权特指法定质权。

---

① 《法国民事诉讼法》第 5 卷第 13 条规定，得对属于债务人的所有财产实施扣押，即使财产是由第三人所持有。但第 14 条却规定以下财产不得扣押：（1）法律宣告不得扣押的财产。（2）具有赡养、抚养、扶养性质的预先付款、生活费与款项，但是，对扣押申请人已向受扣押人提供的生活费的支付除外。（3）立遗嘱人或赠与人可以处分的但经申请不得扣押的财产，在赠与行为或遗赠开始之后的债权人经法官准许并且对法官所确定的部分实行的扣押除外。（4）受扣押人及其家庭生活、劳动所必要的动产财产，如果不是为清偿购买这些物品的价款以及在最高行政法院提出资政意见之后颁布的法令规定的限度之内，则不得扣押，但本条第 7 款之规定除外。如果此种动产物品处于受扣押人平常生活与劳动的场所之外的其他场所，如果这些物品从其数量、质地、稀有程度或年度及其具有的奢华性质来看已经属于价值很高的财产，如果这些动产物品从数量上或已经构成某项商业营业资产的有形组成部分，从而失去了生活必需品之性质时，仍得扣押之。（5）残疾人所必不可少的物品，或者旨在用于病人治疗的物品。上述第 4 项所指的财产，在其属于《法国家庭与社会援助法典》第 150~155 条所规定的享受儿童社会援助者时，不得扣押，即使是为了偿付其购置价款，亦同。此外，该法第 39 条还规定，为适用 1991 年 7 月 9 日法律第 14 条第 4 项的规定，下列物品，作为受扣押债务人及其家庭生活与劳动所必需，为不得扣押之物品：衣服；卧具、床上用品；室内日用布制品；护理身体与维护场所所必要的物品与用品；食品；用于保存、制作或消费食品所必要的家务用具；取暖的必要设备；家庭在一起就餐用的餐桌与椅子；存放衣物、布制品的家具以及存放家庭生活用品的橱柜；洗衣机；书籍与学习、研究、职业培训所必要的其他物品；儿童物品；个人性质或家庭性质的纪念品；家养的宠物或用于看管门户或场所的动物；供受扣押人维持生活的牲畜以及喂养这些牲畜的饲料；个人从事职业活动所必要的劳动工具；固定电话所使用的电话机一台。而且，该法第 44 条明定，如打入银行账号的款项本身全部或部分来自不得扣押的债权，在此种款项余额的限度内，仍不得实施扣押。不得扣押的款项由受扣押第三人按照以下条文规定的条件交由账号持有人处分：劳动报酬；取款活动；账号上不得扣押的余额。罗结珍译：《法国新民事诉讼法典（下册）》，法律出版社 2008 年版，第 1222~1223 页、第 1290 页、第 1292 页。

② 法国破产法规定的清偿顺序大致如下："第一顺位是破产 60 日前的劳动债权。第二顺位是发生在破产程序之前的担保债权。第三顺位是发生在破产后的劳动债权。第四顺位是基金先行垫付的劳动债权。第五顺位是税收债权、社会保险供款等。第六顺位是无担保债权。" Andrew Tetley，Reed Smith．Insolvency Law in France [EB/OL]．(2009 — 8 — 1) [2013 — 3 — 10]

德国担保权分为不动产担保权、动产质权和权利质权。[①]不动产担保权分为抵押权[②]、土地债务[③]和定期土地债务[④]。而动产质权分为法定质权和约定质权。[⑤]

基于法定质权是担保权，德国民法确立了法定质权与担保权之间竞合的顺位，即担保权之间竞合的“顺位”[⑥]，法定质权之间竞合的顺位，担保权与法定质权之间竞合的顺位。

一、担保权之间竞合的顺位

1. 权利质权[⑦]之间竞合的顺位。因其“准用动产质权的规定”[⑧]而定其与动产质权竞合的顺位相同，即依设立先后顺位而定，若同时设立的情形，

① 《德国民法典》第 1273 条规定：质权的客体也可以是权利。关于动产质权的规定准用于权利质权。

② 《德国民法典》第 1113 条规定：一块土地可以以须从该土地中向因设定负担而受利益的人支付某一特定金额以清偿其所享有的债权的方式，被设定负担（抵押权）。抵押权也可以为将来或附条件的债权而设定。

③ 《德国民法典》第 1192 条第 2 款规定：土地债务系为保全某一项请求权而设定（保全性土地债务）的，所有人依与原债权人之间的担保合同所享有的对土地债务的各项抗辩权，或因担保合同而发生的各项抗辩权，也可以对抗土地债务的任何取得人；在此限度内，不适用第 1157 条第 2 句。除此之外，第 1157 条不受影响。

④ 《德国民法典》第 1192 条规定：土地债务，可以以在定期回归的期日从土地中支付某一特定金额的方式予以设定定期土地债务。在设定定期土地债务时，必须确定定期土地债务因其支付而得以消除的金额。该消除金额必须在土地登记簿上予以说明。

⑤ 《德国民法典》第 1257 条规定：关于以法律行为设定的质权的规定，准用于依法律规定而发生的质权。

⑥ “顺位”一词来源于《法国民法典》中的规定，我国台湾地区称为“位次”，我国继承法等称为“顺序”。虽其称谓不同，但它们的含义则相同，即其指对他人的财产所享有的权利，在该财产上所承担的一系列他人权利的顺序中的位置。本文不区分加以使用。

⑦ 《德国民法典》第 1273 条规定：质权的客体也可以是权利。

⑧ 《德国民法典》第 1273 条规定：但以第 1273~1296 条不另有规定为限。

产生同等顺位，但若质权人在取得质权时未为善意的除外（第1208条、第1209条）。此外，确立了质权顺位保留原则，即质权人没有义务为出卖质物的目的而向后顺位质权人交出质物；质权人不占有质物的，只要其本人不促进出卖，就不得对后顺位质权人之出卖质物提出异议。

2. 土地债务（定期土地债务）之间竞合的顺位。因其“准用抵押权的规定”[①]而定其与抵押权之间竞合的顺位相同，即依登记先后顺位而定；抵押权成立时采取先顺位抵押权灭失时，后顺位的抵押权不得升进的顺位固定规则，但抵押权不成立或灭失时，后顺位的抵押权得升进。设立土地债务的情形，自始顺位关系被固定。土地所有人在进行定限物权（如甲抵押权）的设定的登记时，可以保留给予后登记的权利（如乙抵押权）以优先的顺位。[②]

二、法定质权之间竞合的顺位

法定质权之间竞合顺位依设定时间先后确立，若同时设立的，产生同等顺位。[③]

三、担保权与法定质权之间竞合的顺位

因德国抵押权、土地债务及定期土地债权的客体均为不动产土地，故其与动产质权和权利质权（客体为动产和权利）不发生竞合，自然不产生

① 《德国民法典》第1192条规定：但以由土地债务非以债权为前提这一事实不另有结果为限。

② 陈华彬：《论所有人抵押权——基于对德国法和瑞士法的分析》，载《现代法学》2014年第5期。

③ 《德国民法典》第1208条、第1209条。

竞合顺位的问题。因动产质权与权利质权的客体为动产和权利，故其与法定质权（客体为动产）会发生竞合。就质权的顺位而言，即依设立先后顺位而定，若同时设立的情形，产生同等顺位，但若质权人在取得质权时未为善意的除外（第1208条、第1209条）。具体而言，一是法定质权与约定质权之间竞合的顺位。因准用以法律行为设定的质权（约定质权）的规定[①]而使法定质权与约定质权的法律效力相同。也就是说，法定质权与约定质权之间竞合的顺位相当于法定质权之间竞合的顺位，即如前所述依设定时间先后确立，若同时设立的，产生同等顺位，但若质权人在取得质权时未为善意的除外。二是法定质权与动产质权之间竞合的顺位。因动产质权分为法定质权和约定质权，故法定质权与动产质权之间竞合的顺位实为法定质权与法定质权（约定质权）之间竞合的顺位。三是法定质权与权利质权之间竞合的顺位。如前所述，因权利质权“准用动产质权的规定”而使法定质权与权利质权之间竞合的顺位实为法定质权与动产质权之间竞合的顺位。质言之，法定质权与约定质权、动产质权及权利质权之间竞合的顺位相同，即依设定时间先后确立，若同时设立的，产生同等顺位，但若质权人在取得质权时未为善意的除外。

德国模式是德国民法理念和逻辑的产物。在德国民法中，抵押、质权等担保权被提升到极其重要的高度，罗马法零散的担保权和法国民法典对担保权的定位被认为不足以满足时代的需要[②]，统一担保权并将定位于物权成为德国民法典的选择。在统一的过程中，具有担保性的优先权纳入担保物权没有逻辑困难，不具有担保性的优先权断然不能成为担保物权，只能归之为债权。从德国民法来看，这样的区分没有任何不妥，进入担保物权

① 《德国民法典》第1257条规定：关于以法律行为设定的质权的规定，准用于依法律规定而发生的质权。

② 郭明瑞：《论担保物权的历史发展趋势》，载《法学》1996年第2期。

的优先权当然优先于任何未进入担保物权的优先权，债权性的优先权只是作为特种债权之间的顺序安排。显然，担保性是德国民法确认和安排权利顺序的首要因素，其次才是特种债权之间的顺序理由。而且，优先权至多获得担保物权的效力。然而，权利顺序的形成原因很多，有些基于生存如劳动债权，有些基于国家利益如税收，至少，以担保性证明有担保物权的债权优先于劳动债权的正当性本身就值得质疑。劳动债权事关人的生存，担保物权不过是提供债权保障，确认担保物权优先于劳动债权无异于认为财产保障比生存保障更为重要，将生存理由置于财产理由之下，与现代社会的公平正义[①]格格不入。德国民法典体系和逻辑本身不是制度正当性的理由，这一点应是认识德国模式的基础。

第三节　意大利优先权模式下的具体规则体系

意大利民法将优先权定位为优先受偿权。[②]这是一种广义的权利类型，是先取特权[③]、质权、抵押权的“属概念”（上位概念）[④]，先取特权、质权、抵

① 现代社会以人为本。宋剑华:《新文学对传统文化的批判与承续》,载《中国社会科学》2014 年第 11 期。

② 陈本寒:《担保法通论》，武汉大学出版社 1998 年版，第 128 页。

③ 《意大利民法典》第 2745 条规定：先取特权是法律鉴于债权原因而赋予。但是，法律规定的先取特权的设立，可以基于当事人的合意，也可基于公示的特别形式。

④ 根据逻辑规则，种概念与属概念是不能并列的。种概念是对属概念的反映，属概念是对种概念的抽象与概括。陈桂清：《种属关系的概念不能并列》，载《中国翻译》1991 年第 2 期。

押权作为优先权的法定原因[①]被定位为优先权的种概念（下位概念）[②]。某种意义上，也可以说，优先权分为先取特权、质权、抵押权。[③]先取特权是指法律鉴于债权原因而赋予。但是，法律规定的先取特权的设立，可以基于当事人的合意，也可以基于公示的特殊形式，分为一般先取特权和特殊先取特权，前者适用于债务人的动产，后者适用于特定动产或特定不动产。质权是指债务人或第三人为债务人履行债务而设立的担保，分为动产质权[④]、债权质权[⑤]和权利质权。抵押权是指授予债权人通过对第三受让人变卖对其债权进行担保的财产，且优先以变卖财产的价款实现债权的权利，分为法定抵押权[⑥]、诉讼抵押权[⑦]、意定抵押权[⑧]。基于“抵押权、质权、先取特权具有共同的保护其他权利的工具性特点”[⑨]，《意大利民法典》将优先权独立成编，开创了将优先权编独立于物权编、债权编的先河。《意大利民法典》的优先权包含了质权、抵押权，这完全不同于《德国民法典》和《法国民法

① 费安玲、丁玫译：《意大利民法典》，中国政法大学出版社 2004 年版，第 729 页。

② 民事优先权是一个属概念，其种概念有特种债权优先权、担保物权的优先受偿权、优先购买权、优先租赁权等。蔡福华：《民事优先权研究》，人民法院出版社 2000 年版，第 8 页。

③ 《意大利民法典》第 2740 条第 2 款规定：优先权的法定原因包括先取特权、质权和抵押权。

④ 《意大利民法典》第 2786 条规定：动产质权是指质权通过向债权人交付物或独占支配权证书而设立。

⑤ 依《意大利民法典》第 2800 条的规定，债权质权是指以书面文件设定的质权。

⑥ 《意大利民法典》第 2817 条规定：享有法定抵押权的主体是对因履行转让行为产生的债权而被转让的不动产上的出让人；共同继承人、合伙人和为支付指定给共同分割人的不动产进行现金结算的共同分割人，国家是被起诉者和民事责任人的物的法定抵押权人。

⑦ 《意大利民法典》第 2818 条规定：每一个被处以给付金钱或履行其他债务或赔偿损失进行嗣后补偿的刑事判决，是对债务人的财产进行抵押权登记的依据。根据法律规定产生抵押效力的其他司法决定，同样产生诉讼抵押权。

⑧ 《意大利民法典》第 2821 条规定：抵押权也可以通过单方的意思表示而设定。

⑨ 费安玲、丁玫译：《意大利民法典》，中国政法大学出版社 2004 年版，第 7 页。

典》，后者虽然有一部分先取特权是否属于债权的分歧，但先取特权逻辑上与质权、抵押权是并列关系。《意大利民法典》优先权编与《法国民法典》担保编也有不同的意义，前者建立在优先受偿性上，后者是以担保性为主线。

基于先取特权、抵押权与质权是优先权，《意大利民法典》确立了先取特权与质权、抵押权之间竞合的顺位原则：多个债权人对债务人的财产，享有同等的受偿权，但是先取特权、质权和抵押权除外。[①] 由此建构起先取特权与质权、抵押权之间竞合的顺位规则体系，即抵押权（质权）之间竞合的顺位、先取特权之间竞合的顺位、先取特权与质权（抵押权）之间竞合的顺位。

一、抵押权（质权）之间竞合的顺位

1. 抵押权之间竞合的顺位。[②] 其顺位依登记时间先后确立。登记之日起到 20 年届满后，债权人仍可进行新的登记，抵押权按照新的登记日期确定顺序。但新的登记不得对抗已将权利证书进行登记的抵押不动产的第三受让人（第 2848 条）。此规则也适用于附条件债权抵押登记和根据已存关系产生的债权。但例外的是，对设定抵押权的财产请求分割的申请人尽管在不同时间进行登记，但均属于第一清偿顺序，优先于现行登记的继承人和受遗赠人（第 518 条）。需注意的是，登记序号决定登记顺序。但是如果数人同时提交针对同一个人及其同一项不动产的登记申请，这些登记将均属于同一号码，且由管理人在寄发给每个申请人的受理通知中注明。此外，

① 《意大利民法典》第 2741 条。
② 《意大利民法典》第 2852~2853 条。

就相同财产在同一顺序中进行抵押权登记的债权，根据相应总数按比例进行登记。

2. 质权之间竞合的顺位。[①] 一是动产质权的优先权。其系指债权人对设定质押的财产，有优先受偿的权利，主要包括三类：利息债权的优先权[②]；动产质权优先于特殊先取特权；法无不同规定的，动产的特殊先取特权的行使不得损于质押担保债权人的权利。但设定质权的财产未由债权人或双方指定的第三人占有的，不得主张优先权。若担保债权超过2欧元的，如果质权未以包含对债权和财产的充分说明且载明时间的书面形式设定，则不产生优先权。质权以保险单或以被授权专门从事典当业的机构的其他书面形式设立的，文书的时间得以其他任何证据形式进行确认。二是债权质权和其他权利质权的优先权。[③] 意大利法采取排除的立法技术明定若债权质权和其他权利质权不是以书面文件设定，且知情权的设定未告知质押债权的债务人，或其未以载明明确时间的书面形式接受，该质权没有优先权。

二、先取特权之间竞合的顺位

1. 动产一般先取特权之间竞合的顺位。分为两种情况。一是诉讼费用和其他债权费用的优先权（第2777条）。因意大利一般先取特权仅适用于动产，故一般先取特权之间竞合的顺位仅为动产一般先取特权之间竞合的顺位。依《意大利民法典》第2751条、第2777条、第2788条的规定，动

① 《意大利民法典》第2787条。

② 《意大利民法典》第2788条规定：对被扣押财产当年的利息，或者虽然没有实施扣押但发出催告通知之年的利息，也有优先权的存在。对随后出现的到期利息，直至其出售之时，在法定利率的范围内，也发生优先权。

③ 《意大利民法典》第2800条。

产一般先取特权之间竞合的顺位次序为：对第 2755 条[①]和第 2770 条[②]列举的诉讼费用的债权，即使设定了质权或抵押权，仍然优先于任何其他债权。在诉讼费用之后即为在第 2751 条Ⅱ[③]中规定的有动产一般先取特权的债权，其顺序为：第 2751 条Ⅱ第 1 项规定的债权；第 2751 条Ⅱ第 2 项和第 3 项规定的债权；第 2751 条Ⅱ第 4 项和第 5 项规定的债权。特别法规定的优先于任何其他债权的先取特权处于诉讼费用先取特权和第 2751 条Ⅱ规定的先取特权之后。[④]二是其他动产一般先取特权之间竞合的顺位（第 2778 条）。除了第 2777 条规定的以外，对同一财产诸债权有一般先取特权（第 2751 条及后）或特殊先取特权（第 2775 条及后）时，依下列顺序行使优先权：（1）第 2753 条规定的由经营残疾、年老和生存责任强制保险的机构、团体或专设基金会及其替代或补充机构的债权。（2）当先取特权分别实施于不

---

① 《意大利民法典》第 2755 条规定：在债权人共同利益范围内，为假扣押或者强制转移所花费的诉讼费用的债权，对被假扣押或者前者转移的动产享有先取特权，即假扣押和强制转移的费用。

② 《意大利民法典》第 2770 条规定：在债权人共同利益范围内，为进行不动产假扣押或者强制转移的诉讼费用的债权，对该不动产价值有先取特权。不动产的取得人对为解除不动产上设定的抵押所作声明的费用的债权，同样有先取特权，即假扣押或者强制转移的债权。

③ 《意大利民法典》第 2751 条Ⅱ规定：下列债权对动产享有一般先取特权：（1）属于雇员的任何形式的应得酬劳、因雇主终止劳动关系的效力而应得的全部补偿、因雇主少付报酬而遭受的损失、属于雇员的法定社会保障金和保险金的债权、因无效的或可撤销的解雇所产生的损害赔偿的债权；（2）自由职业者和其他任何从事智力创造的人、在提供服务的最后 2 年内的酬金；（3）基于代理关系应得的提供服务的最后 1 年的佣金和因解除该代理关系所应给予的赔偿；（4）无论是业主还是承租者的自耕农债权、分益佃农、佃农或牲畜承租人或产品出售对价共享者的债权，以及第 2765 条规定的分益佃农或者佃农的债权；（5）手工业企业和生产与劳动合作公司或合作社基于提供服务和成品出售所产生的债权；农业合作社及其联合体基于产品出售产生的债权；根据 1997 年 6 月 24 日第 196 号法律的规定，临时提供劳务的企业因酬金和社会保障金所产生的费用，记载于使用劳动的企业的账上的债权。

④ 《意大利民法典》第 2777 条。

动产上的孳息、不动产租金和房租时，第 2771 条规定的不动产所得税的债权。（3）第 2756 条规定的给付的债权和保管费用及改良费用的债权。（4）第 2757 条规定的应当支付给从属种植和收割的劳动者酬金的债权。（5）第 2757 条规定的基于种子、肥料、除虫剂和灌溉用水的供给产生的债权，以及基于种植和收割而产生的债权；当这些债权同时发生时，基于收割产生的债权优先，其次是基于种植产生的债权，最后是该条所规定的其他债权。（6）第 2758 条规定的间接税的债权和第 2759 条规定的所得税的债权，但是特别法对先取特权给予不同顺序的不在此限。（7）第 2754 条规定的给社会保障和辅助机构和团体欠缴费用的债权以及从权利，但是以在基于前述债权和前条及本条第 1 项规定的债权总额 50% 的范围内为限。（8）第 2768 条规定的由犯罪引起的对假扣押财产的债权。（9）第 2767 条规定的对损害赔偿的债权。（10）第 2760 条规定的旅店主的债权。（11）第 2761 条规定的运送人、受托人、受寄人和受托管人的债权。（12）第 2762 条规定的设备的卖售人或预付价金的银行的债权。（13）第 2763 条规定的永佃土地的租金。（14）第 2764 条和第 2765 条分别规定的出租人的债权和分益耕种契约与租佃契约土地出租人的债权。（15）在第 2751 条规定的顺序中所载明的丧葬费、治疗费和用于供给的费用扶养费的债权。（16）第 2752 条第 1 款规定的国家对直接税的债权。（17）第 2752 条第 3 款规定的国家的债权。（18）第 2752 条第 4 款规定的地方政府对税的债权。[①]

2. 不动产特别先取特权之间竞合的顺位。意大利法确立了无须登记即可保全特别不动产优先权的效力，并根据所担保债权的性质或重要性来确定不同种类的不动产特别先取特权之间竞合的顺位次序，即不动产所得税的债权；税费的债权；国家对用水许可的债权；间接税的债权；对市（镇）

① 《意大利民法典》第 2778 条。

不动产的增值部分征收不动产税的债权；对购买承诺人未执行预备性契约的债权（第 2780 条）。而同种类的特殊不动产先取特权之间竞合的，顺位相同，按债权各自总额比例受偿（第 2782 条）。

3. 特殊动产先取特权之间竞合的顺位。除第 2777 条规定的特殊动产先取特权之外，不同种类的特别动产优先权之间竞合的顺位与如前所述的动产一般先取特权之间的顺位相同（第 2778 条）。而同种类的特殊动产先取特权所保护的债权的重要性相同，若发生竞合的，顺位相同，按债各自比例受偿（第 2782 条）。

4. 同等先取特权之间竞合的顺位。因同等先取特权所保护的债权的重要性相同，故若发生竞合时，顺位相同，按照各自比例受偿。此外，当多个先取特权的债权发生竞合，而根据特别法承认其中一个优先于其他任何债权时（第 2777 条），而未被承认的多个先取特权之间竞合时的顺位相同，按各自比例受偿。[①]

5. 法律未确定顺序的先取特权。当法律未规定某一特殊先取特权的顺序时，它后于规定的任何其他特别先取特权。[②]

三、先取特权与质权（抵押权）之间竞合的顺位

1. 先取特权与质权之间竞合的顺位。由于意大利质权以动产、动产的结合体、以动产为标的的债权和其他权利为标的，所以质权通常会与动产特别先取特权和一般先取特权（以动产和不动产为标的）发生竞合，有两种情形。一是动产质权与动产特别优先权之间竞合的顺位。因意大利质权

---

① 《意大利民法典》第 2782 条。
② 《意大利民法典》第 2783 条。

以占有为要件，且动产优先权和质权均是优先权产生的法定原因，故当动产质权与动产优先权竞合时，前者优先于后者。若动产优先权人占有质物而表彰了权利，动产优先权优先。且诉讼费用先取特权优先于一切一般先取特权和特殊先取特权（第 2748 条），所以意大利动产质权与动产特殊先取特权竞合的顺位次序为：诉讼费用优先权；动产质权；动产特别优先权；一般优先权（特别优先权优先于一般优先权）。二是一般先取特权与动产质权之间竞合的顺位。因“一般优先权不能适用于有损第三人权利的动产标的物”（第 2747 条）而知一般先取特权仅得就质权标的物之外的动产享有优先权，即动产质权优先于一般先取特权。因为意大利质权以占有为要件，且占有表彰了权利，理应优先保护。

2. 先取特权与抵押权之间竞合的顺位。一是不动产先取特权与抵押权之间竞合的顺位。因意大利抵押权客体可为不动产，故不动产先取特权一般会与抵押权发生竞合。其顺位次序为：（1）除抵押权优先于间接税优先权和国家用水许可债权的优先权之外，享有不动产先取特权的债权人优先于抵押债权人（第 2748 条）；（2）不动产增值税先取特权后于抵押权；（3）继承税先取特权后于在死者死后三个月内登记的抵押权；（4）其他间接税的先取特权与抵押权以设立时间先后定其顺位；（5）用水许可费用的先取特权与抵押权也以设立时间的先后定其顺位（第 2774 条）。这种规定因用法定抵押权去保护本应由不动产特别优先权保护的债，[①] 使这些法定抵押权与普通抵押权竞合时，却一般依登记时间先后来确定顺位，自然存在不足。二是动产先取特权与抵押权之间竞合的顺位。因意大利抵押权客体可为动产，故第 2778 条规定的先取特权（除第 2777 条之外的其他动产先取特权）与第 2810 条规定的抵押权对机动车发生竞合的，机动车的抵押权后于如前

① 《意大利民法典》第 2817 条。

所述第 2778 条前 8 项的先取特权，优先于所有其他先取特权。[①]但例外的是，根据特别法的规定，对机动车登记的先取特权视为抵押权（第 2810 条第 3 款）。值得注意的是，意大利法并未对其他动产先取特权与抵押权之间竞合的顺位问题加以明定。

意大利民法典的优先权编颠覆了罗马法以来的优先权逻辑和制度，是里程碑式的革新。一方面，这是大陆法系民法第一次理性认识权利的顺序，权利顺序是人类社会普遍存在的客观现象，是民事权利实现的不可缺少的要素，顺序在先的民事权利可以有更多的实现机会，使权利顺序本身就具有自身的独立价值，优先权作为具有优先受偿效力的权利充分体现了权利顺序的价值，因而不同于物权、债权等民事权利。另一方面，这是大陆法系民法第一次理顺了优先权与质权、抵押权等所谓担保物权的逻辑关系，优先权不再是一个具体的权利，而是所有具有优先顺序的权利的总称，各种具体的优先权包括质权、抵押权依照权利本身的价值确立相互之间的顺序，为合理安排权利顺序并形成完整和谐的权利顺序体系奠定了基础。《意大利民法典》的优先权编也存在一些缺陷，[②]但其缺陷是进步中的缺陷，完全可以在进步中得以完善。

---

① 《意大利民法典》第 2779 条。

② 例如，《意大利民法典》并未像《日本民法典》明定“特别先取特权优先于一般先取特权”这样的概括性规则，而是根据一般优先权发生的原因的不同，分别赋予其不同的顺位（第 2777 条、第 2751 条）；否认一般先取特权对不动产的效力。（依第 2746 条的规定，先取特权有一般先取特权或者特殊先取特权。前者适用于债务人的所有动产，后者适用于特定动产或者特定不动产。）

第四章　优先权的含义

第一节　罗马优先权的含义

优先权起源于古罗马的法定抵押权。罗马法定抵押权是一项为了特定目的，出于立法政策上的考虑而设立的一项特殊抵押权，分为一般法定抵押权和特定法定抵押权，前者是指以债务人的全部财产作为法定抵押权标的，后者是指以债务人的特定财产作为法定抵押权标的。[①] 罗马法定抵押权具有“特权”和“特定目的性”的基本特征。“特权”（privilegium），系罗马皇帝或大法官赋予的对一个人或一个阶层的照顾性条件，或对其负担或其他义务性规则的豁免，以“特权”形式恢复原本地位不平等当事人间应有的平等。[②]“特定目的性”是指法定抵押权创设目的是基于公平正义、社会政策、保护弱者等。[③] 当债务人的特定财产或全部财产用于清偿到期未履行的债务时，债权人基于“特权”就其出卖的价金享有优先受偿的权利，分别产生罗马特定法定抵押权和一般法定抵押权。“债务人的财产用于清偿到期未履行的债务”的事实、“特权”“特定目的性”构成罗马法定抵押权概念的基本含义。罗马法定抵押权首次确立“基于法律规定的债权不一定平等

---

① 曹艳芝：《优先权论》，湖南人民出版社 2005 年版，第 27 页。

② ［意］彼德罗 · 彭梵得：《罗马法教科书》，黄风译，中国政法大学出版社 1992 年版，第 12 页。

③ 金世鼎：《民法上优先受偿权之研究》，载《民法物权论文选集》（下），台湾地区五南图书出版公司 1985 年版，第 902 页。

受偿的原则”。[1]法定抵押权属于罗马担保权的范畴，是抵押权的一种。抵押权、质权和信托为罗马法的担保类型，抵押权分为意定抵押权、法定抵押权和裁判抵押权。罗马法的抵押权、质权和信托中，抵押权因无质权限制质物利用的缺陷逐渐成为罗马担保权的主要形式。法定抵押权只发生在具有“特权”和“特定目的性”的场合，其他“债务人的财产用于清偿到期未履行的债务”的事实基于债权平等原则只能作为意定抵押权和质权，法定抵押权的适用范围有限，其重要性远不及意定抵押权和质权。

第二节 法国优先权的含义

法国优先权是指优先债权人先于其他债权人包括抵押权人而受清偿的权利，[2]是继受和改造罗马法定抵押权的结果。罗马法定抵押权的“特权”演变为法国优先权的“法定性”，“法定性”和“特定目的性”构成法国优先权的主观要件。法国优先权分为一般优先权和特别优先权，一般优先权分为动产一般优先权和不动产一般优先权，特别优先权分为动产特别优先权和不动产特别优先权。法国优先权是法国担保权的一种。基于法国旧法上逐渐出现把财产拨归清偿某些债权的概念和公证文书，[3]法国优先权被归入物的担保。物的担保和债权在1804年《法国民法典》中属于取得财产的方式。[4]2006年法国担保制度改革，担保权独立成编，优先权相应置于第四编

① 宋宗宇:《优先权制度研究》，法律出版社2007年版，第8页。
② 《法国民法典》第2324条。
③ 宋宗宇:《优先权制度研究》，法律出版社2007年版，第11页。
④ 王卫国:《现代财产法的理论建构》，载《中国社会科学》2012年第1期。

担保[1]之中。法国的物的担保分为动产担保和不动产担保。动产优先权、有体动产质权[2]、无形动产质权[3]和以担保名义留置或让与所有权[4]组成法国动产担保。不动产优先权、不动产质权和抵押权[5]组成法国不动产担保。法国优先权与质权、抵押权同为担保权的类型没有逻辑困难，虽然法国担保权在后世民法学者看来就是担保物权，但法国民法典没有物权和债权的划分，质权、抵押权没有担保物权的实质意义和地位，因而可与优先权平等讨论谁优先的问题。法国民法典有优先权与质权竞合和优先权与抵押权竞合，[6]而且优先权与抵押权竞合的效力通常依债权顺位与登记顺序确立，[7]优先权可以优先于抵押权。这里，法国民法典是以生活经验而不是权利类型决定权利顺序，“登记先后”是一个时间概念。后世的担保物权在法国民法典始终是财产取得方式，提升物的担保的重要性也仅仅体现在担保独立成编，没有改变优先权也可优先于抵押权的传统。

① 李世刚：《关于法国担保制度的改革》，载《法律与政治》2007年第3期。

② 《法国民法典》第2333条规定：有体动产质权是指设质人给予债权人就某项有体动产或现有的或将来的全部有体动产优先于其他债权人受清偿之权利的契约。

③ 《法国民法典》第2355条规定：无形动产质权是指将现有的或将来的某项无形动产或全部无形动产用于担保某项债务。

④ 《法国民法典》第2367条规定：财产所有权可以因保留所有权条款的效力受到留置、作为担保。第2372-1条规定：动产或权利的所有权，得根据财产托管合同，以担保某项债务的名义让与之。

⑤ 《法国民法典》第2393条规定：抵押权是指对用于担保某项债务清偿的不动产的一种物权。

⑥ 沈明达：《法国/德国担保法》，中国法制出版社2000年版，第94~95页。

⑦ 郭明瑞、仲相、司艳丽：《优先权制度研究》，北京大学出版社2004年版，第141~142页。

第三节 德国优先权的含义

德国优先权是法定质权即依法律规定而发生的质权，“法定性”和“特定目的性”也是德国优先权的主观要件。德国优先权包括因提存而产生的质权，土地出租人和土地承租人享有的质权，承揽人的质权，旅店主就住宿旅客随身携带的动产享有的质权，肥料、种子等资金提供者对土地的果实享有的法定质权等，以及德国商法中的法定质权。德国优先权仅仅是动产质权，而法国优先权是一种与抵押、质押等并列的权利，而且既可在动产上也可在不动产。德国优先权与约定质权共同构成德国动产质权，不存在优先权与约定质权谁优先的问题，而法国优先权与抵押权、质权并列存在谁优先的问题。但德国优先权是担保物权，这是其与法国优先权的最大不同。德国优先权是德国民法理念和逻辑的产物，罗马法零散的担保权和法国民法典的担保权定位被认为不能满足时代需要，抵押、质权等担保权被提升到极其重要的高度，定位为物权。担保性是德国民法确认和安排权利顺序的首要因素，其次才是特种债权之间的顺序理由，优先权因而只能在法定质权中体现“法定性”和“特定目的性”。

第四节　意大利优先权的含义

意大利优先权是先取特权、质权及抵押权的总称，意大利优先权的法定原因包括先取特权、质权、抵押权（第 2741 条）。意大利优先权被定性为优先受偿权[①]，这是一种广义的权利类型，是先取特权、质权、抵押权的属概念或上位概念[②]，先取特权、质权、抵押权是优先权的种概念或下位概念[③]。也可以说，优先权分为先取特权、质权、抵押权。先取特权分为一般先取特权和特殊先取特权，前者适用于债务人的动产，后者适用于特定动产或特定不动产。质权分为动产质权[④]、债权质权[⑤]和权利质权。抵押权分为

---

① 陈本寒:《担保法通论》，武汉大学出版社 1998 年版，第 128 页。

② 根据逻辑规则，种概念与属概念是不能并列的。种概念是对属概念的反映，属概念是对种概念的抽象与概括。陈桂清 :《种属关系的概念不能并列》，载《中国翻译》1991 年第 2 期。

③ 民事优先权是一个属概念，其种概念有特种债权优先权、担保物权的优先受偿权、优先购买权、优先租赁权等。蔡福华:《民事优先权研究》，人民法院出版社 2000 年版，第 8 页。

④《意大利民法典》第 2786 条规定 : 动产质权是指质权通过向债权人交付物或独占支配权证书而设立。

⑤《意大利民法典》第 2800 条规定：债权质权是指以书面文件设定的质权。

法定抵押权[①]、诉讼抵押权[②]、意定抵押权[③]。基于"抵押权、质权、先取特权具有共同的保护其他权利的工具性特点"[④]，意大利民法典将优先权独立成编，独立于物权编、债权编。意大利优先权包括先取特权、质权和抵押权，不同于法国优先权并列于质权、抵押权，更有别于德国优先权。优先权编与法国的担保编的逻辑基础不同，意大利的优先权编建立在权利的优先受偿性上，法国的担保编建立在权利担保性上。

意大利优先权的概念颠覆了罗马法以来的优先权逻辑和制度，是里程碑式的革新。一方面，这是大陆法系民法第一次理性认识权利的顺序。权利顺序是人类社会普遍存在的客观现象，是民事权利实现的不可缺少的要素，顺序在先的民事权利可以有更多的实现机会，使权利顺序本身就具有自身的独立价值，优先权作为具有优先受偿效力的权利充分体现了权利顺序的价值，因而不同于物权、债权等民事权利。另一方面，这是大陆法系民法第一次理顺了优先权与质权、抵押权等所谓担保物权的逻辑关系，优先权不再是一个具体的权利，而是所有具有优先顺序的权利的总称，各种具体的优先权包括质权、留置权、抵押权依照权利本身的价值确立相互之间的顺序，为合理安排权利顺序并形成完整和谐的权利顺序体系奠定了基础。

---

① 《意大利民法典》第 2817 条规定：享有法定抵押权的主体是对因履行转让行为产生的债权而被转让的不动产上的出让人；共同继承人、合伙人和为支付指定给共同分割人的不动产进行现金结算的共同分割人，国家是被起诉者和民事责任人的物的法定抵押权人。

② 《意大利民法典》第 2818 条规定：每一个被处以给付金钱或履行其他债务或赔偿损失进行嗣后补偿的刑事判决，是对债务人的财产进行抵押权登记的依据。根据法律规定产生抵押效力的其他司法决定，同样产生诉讼抵押权。

③ 《意大利民法典》第 2821 条规定：抵押权也可以通过单方的意思表示而设定。

④ 费安玲、丁玫译：《意大利民法典》，中国政法大学出版社 2004 年版，第 7 页。

第五节　美国优先权的含义

美国也有优先权。《美国统一商法典》的优先权是指为担保债务的清偿或义务的履行而在货物上设定的负担或者对货物享有的权益。[①]《美国破产法》上的优先权是指为担保债务的清偿或义务的履行而在财产上设定的负担或对财产所享有的权益。[②] 美国优先权是“美国法遵循判例法和成文法”[③] 传统的产物，是克服美国普通法缺乏法律适用的统一性以适应 21 世纪美国经济发展之需的结果。美国优先权分为法律上的优先权和衡平法上的优先权，[④] 依设定方式的不同分为意定优先权和法定优先权，[⑤] 依债权人是否占有担保物分为占有型优先权和非占有型优先权，[⑥] 依照次序分为司法程序上优先权的次

① U.C.C. § 2A—101（r）.

② Bankruptcy Code §（1）(37）.

③ ［美］伯纳德·施瓦茨:《美国法律史》，王军等译，中国政法大学出版社 1990 年版，第 19 页。

④ 前者产生于为追索债务而提起的司法程序中，如扣押优先权、查封优先权和判决优先权；后者源于司法实践中的判例，旨在保护普通债权，只适用于动产，以占有为创设前提。如技工优先权、旅店主优先权、承运人优先权及律师优先权。Black’s Law Dictionary，West Publishing Co.，1990，p.1038.

⑤ 孙新强:《大陆法对英美法上 LIEN 制度的误解及 LIEN 的本意探源》，载《比较法研究》2009 年第 1 期。

⑥ ［美］ALI（美国法学会）、NCCUSL（美国统一州法委员会）:《美国〈统一商法典〉及其正式评述》(第三卷)，高圣平译，中国人民大学出版 2006 年版，第 17 页。

序[①]和意定优先权的次序[②]等。除以“意定性”为主观要件外，“法定性”和“特定目的性”仍为美国优先权的主观要件。美国优先权的含义类似于意大利优先权，但还包括程序性权利如司法优先权和税收优先权。这是因为，“美国法从功能主义、实用主义出发，不去考虑权利性质，将凡在财产上设立的、能起担保作用的权利均视为 Lien。结果，不仅私法、实体法上可以产生 Lien，公法和程序法上亦可产生 Lien”。[③]但美国法将优先权定位为担保物权，这不同于意大利优先权编的逻辑。

优先权在不同国家有不同的内涵和外延，讨论优先权首先要界定是什么意义上的优先权。如果是德国意义的优先权，优先权讨论基本没有必要，优先权不过是法定质权的别名，法定质权的地位和作用就是德国优先权的一切。如果是法国意义的优先权，优先权作为有别于质押、抵押权、留置、让与担保的权利，就存在权利的边界和与其他担保权利的关系，需要研究和解决优先权的适用范围和与其他担保权利谁先谁后的问题。如果是意大利意义的优先权，优先权犹如德国担保物权的别名，其本身不属于具体的权利，但具有重新认识质权、抵押权性质的意义，质权和抵押权都是一种优先权，不是德国民法定性的担保物权。至于美国意义的优先权，不像大陆法系优先权那样总是与质权、抵押权等担保权利纠缠，表现出权利冲突的一般意义。

从一国优先权的实践经验出发，只能得到德国优先权、法国优先权、意大利优先权和美国优先权的定义，这些定义能帮助我们了解和分析特定国家的优先权，但不足以指引中国民法典处理优先权问题。中国民法典需

---

① 司法程序上的优先权主要有三种，分别是扣押优先权、查封优先权、判决优先权。

② 《美国统一商法典》第九编在确定动产优先权次序问题上，就采取了三种不同的办法：一是不同优先权生效方法对担保权优先次序的影响；二是同种优先权生效方法（如登记）对担保权益优先次序的影响；三是基于法律政策考量对优先权次序的确定。

③ 孙新强：《我国法律移植中的败笔——优先权》，载《中国法学》2011 年第 1 期。

要从理论层面上深刻认识优先权，需要一个体现优先权的共同本质和功能的优先权定义。不同国家（地区）的优先权是不同国家（地区）优先权实践经验的产物，但无论如何不同，世界各国和地区的优先权都有一个目的，即解决债权冲突。优先权既解决其与普通债权的冲突又解决其与其他担保债权的冲突，是德国、法国、意大利、美国优先权共同的任务，只不过美国优先权的任务更宽泛一些，中国的优先权也不应例外。

由此，笔者认为，中国的优先权应该定义为“权利人按照法律规定的顺序对债务人财产享有的优先受偿权”。这一定义有两个要点：首先，优先权以债权冲突为基础。债务人财产足以偿付所有的债权时，债权之间不发生实际冲突，债权的受偿顺序没有实际意义。但债权人财产常常不足以清偿所有的债权，债权的受偿顺序对于债权能否全部受偿具有决定性的意义，债权人有无优先受偿权、有什么优先受偿权直接决定债权能否受偿和受偿多少。优先权为特定债权而设，不是特定债权的自身属性，因而优先受偿权也不是特定债权的固有属性，优先受偿权是独立于特定债权的权利，虽然其与特定债权联系紧密。德国的担保物权独立于所担保的债权也是优先受偿权独立于特定债权，问题只在于其将物的担保形成的优先受偿权混同为物权。同时，优先受偿权是一种法定顺序利益。优先受偿权并不能保证特定债权一定能够获得清偿，受偿顺序最前的债权也经常因债权人无清偿能力或担保物毁损灭失而落空。优先受偿权只是给了特定债权的一个优先顺序，顺序在先使特定债权有更多机会全额或部分获得清偿，顺序因而具有机会利益。表面看来，抵押、质押的优先受偿顺序是当事人约定产生的，但当事人约定之所以产生顺序效力，是因为法律明确规定了抵押、质押的顺序位置，没有法律的明确规定，当事人约定的顺序约束不了其他债权人，因而所有的优先受偿的顺序都是法律规定的。法律规定的顺序是立法依据债权的性质事先确定的债务清偿顺序，有些债权直接对号入座，如《合同法》第286条的建筑工程款；有些债权由当事人约定进入，如仓单、提单质押。权利人有权按照法律规定的顺序受偿债权，也可以放弃，同时有义务尊重他人的受偿顺序。

第五章　优先权的本质

第一节 优先权本质的争议

排除直接引进大陆法系与英美法系优先权概念乃至于优先权制度的可行性就意味着必须寻求适合中国国情和现实的优先权概念和制度，这在很大程度上又与中国民法应有什么样的优先权概念和制度的认识密切相关。

首先，中国的优先权概念和制度应有一个明确的出发点。鉴于大陆法系民法在优先权问题上的错位，中国民法应该使优先权问题回到其应有的位置上。因此，站在重新考量优先权性质和本质的立场看待优先权，是中国的优先权理论和实践适应现代社会经济发展需要的首要条件，也是优先权问题自身获得合理解决的要求。

如前所述，大陆法系民法将优先权问题无论是归入物权法领域还是同时归入物权法和债法领域从本质上说是一个错位。这就意味着须重新审视和考量优先权的性质问题，揭开其神秘面纱。而更为重要的是优先权的法律定性很大程度上决定了其在法律体系中的定位。但是，给优先权定性远比认识它要困难得多，以至于优先权被人称为“难于开垦的法律领地”[1]。加之因历史传承、法律资源和立法政策等诸多因素的影响，无论是立法上还是学理上均对优先权的性质有不同的诠释。在立法上，无论是大陆法国

① D.R.Thomas.Maritime Lien，Stevens&Sons Limited，London，1980，p.12.

家（地区）还是英美法国家（地区）均存在不同的立法选择。立法上，优先权有统一本质说和非统一本质说两种基本立法例。[①] 在学理上，优先权的性质有债权说、物权说、债权物权化说及权利保护方法说四种。[②] 虽然前三种学说均从不同角度阐释了优先权的性质，但都因不能自圆其说而遭到质疑。因为，如前所述，优先权在其制度目的、类型、特征等方面均有别于物权、债权。但可以肯定的是，优先权应是一项独立的民事权利。因为，一方面，尽管特殊效力说和清偿顺序说[③] 否认优先权属于独立民事权利，认为它本质上仅为债权的法律效力或重要内容之一，但它实际上并未真实反映优先权的本来面目。因为，若优先权是该债权的特殊效力，那么该特殊效力作为该债权的内容之一应伴随其始终，而优先权的产生和消灭均未导致所担保的该债权产生和消灭。

同理，若将优先权仅定性为清偿顺序，必然犯了“只见树木不见森林”的错误。事实上，清偿顺序或优先权的顺位只是优先权的重要内容之一，其无法涵盖优先权的全部内容，因为有些优先权还具有物上代位性和追及性等特征。另一方面，优先权与其对应的债权均为两个独立的民事权利。因为优先权是基于法定而产生，而该债权因合同、侵权或其他法律事实而产生。且优先权人是基于优先权的优先受偿效力直接就债务人的总财产或

① 统一本质说认为，无论何种类型的优先权均具有统一的本质，即优先权具备物权的基本属性，而且属于典型担保物权的一种。以法国民法典和日本民法典为典型。而非统一本质说，认为优先权的性质呈现出多样性的态势，存在债权性质的优先权与物权性质的优先权之分。以德国民法为典型。郭明瑞、仲相、司艳丽：《优先权制度研究》，北京大学出版社 2004 年版，第 40 页。

② 宋宗宇：《优先权制度研究》，法律出版社 2007 年版，第 78~80 页。

③ 特殊效力说认为优先权是特殊债权的一种特殊效力，即优先受偿效力。如《德国民法典》明确认定优先权具有特殊债权所有的一种效力。而清偿顺序说也认为优先权不是独立的民事权利，仅是特殊债权之间的清偿顺序。如《西班牙民法典》规定的优先权就是按照债权优先受偿的位次排列。宋宗宇：《优先权制度研究》，法律出版社 2007 年版，第 72~73 页。

特定财产享有优先受偿的权利，而该债权的债权人只享有请求债务人履行债务的权利。此外，优先权虽可因一定期间不行使、债权人放弃、其标的灭失又无代位物等因素而灭失，但并不因优先权灭失导致特殊债权的灭失。另外，虽然权利的本质存在意思说[①]、利益说[②]、法力说[③]三种，但我国有学者认为，依现今通说法力说，优先权也为独立的民事权利[④]。

认可优先权为一项独立的民事权利，仅为优先权在法律体系中的定位奠定了坚实的基础，仍需考究其为何种民事权利。对此，有学者认为，优先权是民事实体性权利。具体而言，在特别优先权中，由于权利客体特定，优先权人可占有支配债务人的特定动产或不动产优先受偿。这些权利内容的加入，改变了原有债权债务关系，构成了直接的实质性影响，成为实体性权利。同样，在一般优先权中，虽然债权人并不能直接支配债务人的财产，但仍可对抗包括享有担保物权的债权人在内的其他债权人。这明显在原有的债权债务关系中加入了新的内容，产生了实质性的影响，构成了实体性权利。[⑤]因此，无论是从民事法律关系构成要件还是权利设定效果看，优先权均实体性权利。而且，从权利产生的时间考察，[⑥]优先权是在特定债权出现时就依法产生了，只不过为了实现优先权才可能诉诸司法程序，而程序性的权利一般是诉讼程序启动后才开始产生，并随着程序的结束而消灭。

---

① 意思说认为权利的本质是意思之自由或意思之支配。具有强烈的自然法色彩，以德国学者文德赛（Winscheid）为代表。王泽鉴：《民法总则》，中国政法大学出版社2000年版，第212页。

② 利益说认为民事权利的本质为法律所保护之利益。刘得宽：《民法总则》，中国政法大学出版社2005年版，第213页。

③ 法力说认为民事权利的本质为法律赋予特定人享受特定利益之力量。权利包括两个方面的要素：“特定利益”和“法律上之力”。申卫星：《优先权性质初论》，载《法制与社会发展》1997年第4期。

④ 杨德齐：《民事优先权之概念及性质辩析》，载《西部法学评论》2009年第3期。

⑤ 申卫星：《优先权性质初论》，载《法制与社会发展》1997年第4期。

⑥ 温世扬、廖焕国：《物权法通论》，人民法院出版社2005年版，第774页。

故此，也可在一定程度上认定优先权为实体性权利，同时也反驳了“一些学者基于优先权需通过法院实现以及其权利的内容是在受偿顺序上的优先性而认定优先权为程序性权利”[1]的观点。但其存在致命缺陷。因为，依物权二元理论，[2]在特别优先权中，虽然债务人的一般财产是特定的，但其为债务人所有，自然优先权人无法占有支配。同样，在一般优先权中，债务人的总财产是不特定的，自然优先权人无法支配，也不能支配。其实，优先权创设之后，仅是对债务人的财产产生了一定的限制，优先权本身不能支配债务人的一般财产或总财产。实际上，法律仅赋予了优先权人对债务人的财产优先受偿的权利而已。质言之，优先权是实现债权的一种方式或手段。在立法上，《意大利民法典》即是实例。将优先权定性为权利的保护方法，独立成编，明定于权利的保护编，开创了将优先权制度独立于物权编与债权编的先河，优先权包括先取特权、质权、抵押权三种。[3]

同样，日本学者认为，优先权是一种权利的保护方法。因为，优先权的本质是法律规定的特权。优先权属于“技术性权利”的范畴，[4]其不可与物权或债权同日而语。换句话说，优先权既不是债权也不是物权，而是一种方法，一种法定方法，一种排除债权平等原则的法定方法。[5]我国也有学

① 宋宗宇:《优先权制度研究》，法律出版社 2007 年版，第 75 页。

② 孟勤国:《物权二元理论与传统物权理论的重大分歧》，载《山东警察学院学报》2005 年第 6 期。

③ 费安玲、丁玫译:《意大利民法典》，中国政法大学出版社 1997 年版，第 721~741 页。

④ 按日本学者北川善太郎的观点，民事权利可分为实质性权利和技术性权利。前者如实体利益的物权与债权，后者如具有实现利益手段或方式的形成权和抗辩权。[日]北川善太郎:《日本民法体系》，李毅多、仇京春译，科学出版社 1995 年版，第 51 页。转引自宋宗宇:《优先权制度研究》，法律出版社 2007 年版，第 80 页。

⑤ 孙新强:《破除债权平等原则的两种立法例之辨析——兼论优先权的性质》，载《现代法学》2009 年第 6 期。

者认为，依权利的作用，[1] 优先权是一种救济权，是一种形成权。之所以说优先权是一种救济权，是因为其完全符合救济权的基本特征：即工具性、技术性、依附性、特设性和救济性。之所以说优先权是一种形成权，是因为其完全符合形成权的基本特征。比如形成权主体、客体、内容和效力的特殊性等。[2] 以优先购买权为例。优先购买权（无论约定或法定）只需权利人单方主张即可发生债权债务关系（成立购买契约），不需要相对人为或不为一定行为（当然前提是第三人与义务人订立购买契约之时为权利主张，并且须是同等条件下），义务人不能拒绝订约。因此优先权应归入按权利的作用划分的民法权利体系，属于此体系中的形成权。王泽鉴先生也持此意见，认为优先购买权的性质为形成权。[3] 同样，优先承包权、优先承租权等民事优先权均是单方主张即可发生法律关系（准确地说是发生契约关系）的权利，其性质均为形成权。[4]

这些学说对解释不同国家的优先权具有重要的启示意义，但在优先权的应然性上欠缺应有的认识。在不同国家对优先权有不同的理解和制度安排的前提下，仅仅从优先权的实然层面解释优先权不足以认识优先权的内在规律，也难以形成共识。不从优先权的应然层面上发现优先权的本质，永远不会有优先权本质的共识，也不会有优先权最优的制度选择。

① 依权利的作用为标准可将民事权利分为支配权、请求权、形成权与抗辩权。王泽鉴：《民法总则》，中国政法大学出版社 2000 年版，第 86 页。

② 田野：《优先权性质新论》，载《郑州大学学报》2016 年第 2 期。

③ 王泽鉴：《民法学说与判例研究（第一册）》，中国政法大学出版社 2003 年版，第 611~620 页。

④ 杨德齐：《民事优先权之概念及性质辩析》，载《西部法学评论》2009 年第 3 期。

第二节　优先权的本质

一、优先受偿权是优先权的本质

优先受偿权的根源在于债权冲突。债务人的特定财产或全部财产不足以清偿全部债权，如何分配有限的债务人财产或担保财产成为首要也直接决定债权人得失的关键问题。优先受偿权是解决这个关键问题的抓手。债权原则上由当事人自由创设，债权的相对性决定了债权当事人不可能完全知晓其他债权的存在，也不可能阻止其他债权的发生，债权冲突因而是一个普遍也是合理的现象，这与物权法定原则约束下的物权很少发生冲突完全不同。权利冲突因人类资源稀缺和各方利益的交叉[①]所致，权利冲突实质上是利益冲突，[②]解决利益冲突，除了观念协调、经济协调外，合理的利益制度是解决利益冲突的重要路径[③]。优先受偿权的使命和价值就在于解决债权冲突。因而，优先受偿权不可能是债权，也不可能是物权，更不可能债权物权化。

债权是特定债权人向特定债务人请求为一定行为或不为一定行为的权

① 冯玉军：《权利相互性理论概说——法经济学的本体性阐释》，载《法学杂志》2010年第9期。

② 任广浩、叶立周：《论权利冲突——以利益冲突为线索的考察》，载《河北法学》2004年第8期。

③ 张玉堂：《利益论——关于利益冲突与协调问题的研究》，武汉大学出版社2001年版，第245页。

利。[①] 优先受偿权能够产生优先债权得以清偿的结果，但与优先债权本身并非同一，优先受偿权仅仅为优先债权的实现提供了有利的条件。从表面看来，优先受偿权是向特定债务人发出请求，实际上是向其他债权人主张同意其优先债权受偿，优先受偿权人和其他债权人之间并无债权债务关系存在，优先受偿权人针对其他债权人的主张根本不是债权请求。优先受偿权人仅仅有权主张优先受偿，被主张的其他债权人有权承认或否认优先受偿权人的主张，这里没有债权债务的对应性，也没有债权给付和受领义务，更不存在债权固有的违约责任或侵权责任。显然，将优先受偿权解释为债权是将优先受偿权与优先债权混为一谈。《意大利民法典》将优先权定性为权利的保护方法，日本北川善太郎学者认为优先权是一种权利的保护方法，[②] 孙新强教授认为优先权是一种排除债权平等原则的法定方法，[③] 虽然尚有优先权是不是权利的疑问，但方法的表述足以澄清优先受偿权与优先债权的区分。优先受偿权既然不是债权当然也就不存在债权物权化的问题。

优先受偿权也不是物权。德国民法典将物的担保定性为担保物权，确立了优先受偿权是物权的理论和规则，迄今为止，优先受偿权是担保物权依然是主流学理。十多年前，物权二元理论就指出担保物权其实不是物权，[④] 抵押、质押、留置权的定义均为优先受偿权，这与物权是支配权的本质完全不同。语义上，优先受偿权一定是对人的权利，不是对物的权利，物权一定是支配客体的权利，不是对人的权利；内涵上，质押和留置的支配是

---

① ［日］田山辉明：《物权担保物权法》，三省堂 2006 年版，第 28 页。

② ［日］北川善太郎：《日本民法体系》，李毅多、仇京春译，科学出版社 1995 年版，第 51 页。

③ 孙新强：《破除债权平等原则的两种立法例之辨析——兼论优先权的性质》，载《现代法学》2009 年第 6 期。

④ 孟勤国：《中国物权法理论研讨会观点综述》，载《中国社会科学院研究生院学报》2004 年第 5 期。

基于占有事实，不是基于物权，抵押连占有支配的事实也不存在。梁慧星教授解释抵押权具有支配抵押物交换价值的意义因而是符合物权的本质，[①]至少有两点不当：交换价值是指两个商品之间的交换比例如一美元换六元多人民币，权利人可以支配美元也可支配人民币，但不可以支配换汇比例；抵押权只是有权主张优先受偿，取得抵押财产或其变价款是优先受偿的结果，不是优先受偿的性质。

其实，优先受偿权的表述就自证了权利的性质。优先受偿权的语义意味着存在两个或两个以上的受偿主体，优先受偿权人具有先于其他受偿主体受偿的权利，“先于”是一种顺序，优先受偿权是一种顺序权。大陆法系民法的权利分类中没有顺序权，但一直存在以顺序为内容的权利，优先购买权、优先承租权、建筑工程款优先权等，优先受偿权也是如此。德国民法典的物权和债权的区分深刻限制了民法学理的视野，所有的人都懂得物权和债权的分类不能周延全部的民事权利，但总是愿意将周延不了的民事权利拉入物权或债权以维护物、债两分体系，顺序权是其中之一。

二、优先权受偿权是顺序权

优先权本质上是将不足以清偿全部债权的债务人的特定财产或全部财产按顺序分配方式公正有效地分配给若干债权人。

1. 顺序分配方式是人类资源分配方式之一。

因资源稀缺性[②]而产生的人类社会怎样根据社会需要和社会需求，在一

---

① 邓鹤：《抵押物转让之权衡与选择》，载《深圳大学学报》2007 年第 4 期。

② 资源稀缺性是指一定时期和地域内，客观上资源供给的范围、数量、种类等相对于人类的主观需求存在一定的不足。黄锡生、峥嵘：《论资源社会性理念及其立法实现》，载《法学评论》2011 年第 3 期。

定的社会经济条件下合理地配置资源，以便得到最大的经济效益和社会效益。由此而产生的资源“分配方式”[①] 会因不同的社会制度有各种不同的具体形态，而每一种分配方式在不同的社会中发挥的历史作用也不同。综观人类分配方式的演进，是一个由平均分配到暴力分配，再向市场分配和道德分配转变的过程，这一过程与人类社会生产与交换方式的演进密切相关。[②] 此外，基于生活经验之需，人类社会还存在随机分配、习惯与习俗分配、顺序分配等。兹分析之。

一是平均分配。其发轫于原始共产制经济时期。由于当时生产力极其低下，每个个体的成员的力量都极其微弱，只有同其他成员共同协作、共同劳动，共同防御野兽，猎取食物，方能生存。所以原始公社制社会时期按照每个人的性别和年龄的分工直接根据每个人生存需要分配有限资源。由此决定了平均分配在原始社会中的主导地位，其具有自然的、原始的、简单的、直接的性质，[③] 其特点为相对均分，但在群体内也会因地位和自然条件差异而有所区别。譬如，我国原始社会时期，半坡人氏族成员按习俗分配肉。会议由氏族长主持。因生产力水平低下，生活穷苦，产品必然要实行平均分配。一般都是由氏族长把猎物平均分为若干份，然后由氏族成员领取，但族长和酋长分得最好的食物。但平均分配因具有较大的均衡性而有追求形式正义牺牲实质正义的缺陷。该分配方式在现今立法上体现为共同共有制度、法定继承制度中第一顺序的继承人对被继承人财产的平均分割等。

二是暴力分配。其产生于奴隶制经济时期。奴隶社会虽然是自然经济，

① 分配方式是指在一定条件和一定范围内人们之间获得财富和劳动产品的方式方法。按分配的手段分为暴力与权力分配、市场交换分配和慈善道德分配等。

② 贾后明：《马克思分配思想及其当代价值》，江苏人民出版社 2016 年版，第 51 页。

③ 钟契夫：《资源配置方式研究——历史的考察和理论的探索》，中国物价出版社 2000 年版，第 26 页。

但因奴隶和土地等生产资料为奴隶主所有而决定了劳动和资源的投向完全以奴隶主和奴隶制国家的需要为转移。由此决定了暴力分配在奴隶社会的支配地位。其特点为单向剥夺为主，虽然奴隶主有通过奴隶获利的考虑，但给奴隶的生活资料没有超过牲畜的条件。暴力分配因具有较大的自主权，存在以权谋私的空间很大，存在政府失灵和不公平的缺陷，但也具有较大的排他性和可信的持久性的优点。在自然经济阶段人对人的等级依附关系严重，权力在分配中占支配作用，经济剥削主要依靠超经济的权力来实现。[①]譬如，掠夺、分权制[②]、授权制及监管体制[③]。现今无论是在转型经济国家还是发达的市场经济国家，政府都对许多社会资源的分配具有垄断权。[④]

三是市场分配（主要是契约分配）。其产生于资本主义时期。市场经济实质是契约经济，社会各个部门通过契约分配社会资源，按契约关系组织和调节生产、交换、分配、消费。[⑤]在自由市场经济中，由市场决定资源的分配，资源的价格形成是自发的，它可以自由地将稀缺的资源分配给生产者以及把商品与劳务分配给消费者。譬如，拍卖中，谁出价最高，谁获得拍卖物。又如，若债务人的财产到期不能清偿若干债权人的债权时，债权人可基于债权平等原则、经债权人协商、通过债权人放弃权利来解决债务人有限财产的分配问题。如果在众多有需要特殊照顾的劳动者之间难以评估彼此差别或者用以满足需要者的资源（如工作机会）有限的时候，就可以考虑进行平等的资源分配或者适用体现对每个人都平等尊重的规则（如

---

① 郑奋明：《市场经济与道德转换》，载《广东社会科学》1995 年第 4 期。

② 分权制作为一种权力分配方式是指地方政府或下级政府组织具有主动性，可以自主管理辖区内事务，其理论基础来源多元主义。吕丹丹、刘晓莉：《我国食品安全政府协同治理的制度研究》，载《理论与改革》2016 年第 6 期。

③ 监管体制是指行业的监管职责、权力的分配方式和组织机构。

④ 孙铮、李增泉、王景斌：《所有权性质、会计信息与债务契约——来自我国上市公司的经验证据》，载《管理世界》2006 年第 10 期。

⑤ 吴晶妹：《论政府守信监督机制》，载《求实》2004 年第 3 期。

协商)。[①]但依据契约分配利益往往又依据主体之间实力的大小来决定，社会强者与社会弱者不仅在获取签约信息的能力上差异较大，而且在发生违约后获取救济的能力上亦不等同，从而使双方的实力差距更为悬殊，最终使契约自由蜕变成了社会强者支配社会弱者的自由，带来严重的社会不公。[②]

四是道德分配。其系单向的出于道德的不求回报的赠与方式。慈善分配即是典型。而国家对弱势群体的救助等福利分配也有道德的内容，以及亲友之间的财产互助使财富在人际间重新分配。但道德分配在整个社会中的比重十分有限。

五是随机分配。其系任一样本具有相等的机会被分配至实验组或者对比组，随机分配的技术可以通过多种不同的方式实现。[③]由于随机分配具有能够将众所周知的、不为人知的、可测量的和不可测量的因素均等的分配于每个人，所以其具有数学意义上的均等性。只要随机分配的过程符合公正的程序，则结果就是公平的。这说明随机分配侧重公平原则。譬如，抽签也许是人类最古老的资源分配办法之一，抽签方式有两种：一种是凭人意裁决的，另一种是自然的。前者是在各方都同意的情形下是可行的。它取决于纯粹的偶然性。自然的方式是先占权。[④]先占的逻辑规则是时间领先，权利优先。时至今日仍然在大量使用，如体育比赛中的场地选择及对手选择，如购买贵重物品时的优先选择权等。又如，通过“摇号”主导公共资源的分配无疑具有极大的可行性，效率高、效益实现直接、形式公平，至少这是一种“最不坏的制度”。再如，抽奖、摇奖、兑奖。只要抽奖、摇奖、兑奖的过程符合公正的程序，则不管结果是中奖或不中奖、中大奖或

---

① 刘勇：《论就业积极行动制度之公平性与我国制度构建》，载《政治与法律》2011年第2期。

② 姜涛：《人之图像与刑法实质解释》，载《政法论坛》2013年第3期。

③ 韩东：《以审判为中心刑事速裁机制的配比评估》，载《河南社会科学》2016年第3期。

④ ［英］霍布斯：《论公民》，应星等译，贵州人民出版社2003年版，第34页。

中小奖都是公平的。[①] 又如，洗衣店店主随机将顾客的衣服投入洗衣机中洗涤。

六是习惯与习俗分配。习惯所形成的资源分配系统更受人们的青睐，因为一个违反习惯的人会在其所处的人群中失去原有的荣誉、尊重和友谊，会受到人们的蔑视。[②] 而且，习惯具有使用程序简便、经济有效等特点，是人们对生活规则的提炼、筛选之后形成的理性行动，承载着人们的生活方式、思维习惯，引导着人们的行为选择，具有比其他规范更强的效力和作用。譬如，在历史上的身份等级制社会，由社会掌控的资源是按照个人出身身份的等级高低（如太子、亲王）来进行或多或少的分配的。[③] 需注意的是，按身份分配是典型的不平等，在按身份分配资源的条件下，极易产生极端的平等主张——极端平均主义。又如，先占，以及中国人过节请客送礼。就习俗分配资源的方式而言，壮族一家长辈去世后，一兄弟提出要求平分遗产，必须征得所有兄弟的同意，否则按习俗惯制不予分配。[④] 再如，依土家族习惯法，打到猎物后，猎物的分配原则是“山上打肉，见者有份”。[⑤]

七是顺序分配。该分配方式是人类社会基于社会生活经验而产生的最原始的、最公平的资源分配方式。顺序是人类的普遍现象，是“先来后到”的习俗规范，是人类交往秩序的简略化，是人类秩序形成的基本规范。人类按顺序分配资源是解决人类日常生活和交往中有限资源分配的问题，是

---

① 徐梦秋：《公平的类别与公平中的比例》，载《中国社会科学》2001 年第 1 期。

② 张强：《浅析我国当前物权习惯调查模式》，载《甘肃政法学院学报》2008 年第 3 期。

③ 韩东屏：《论制度与社会发展》，载《华中师范大学学报》2016 年第 3 期。

④ 梁福兴、陆发焕：《壮族丧葬仪式结构及其文化象征意义解读（一）——以榕垌村壮族新丧首次葬仪式结构及其文化象征意义分析为例》，载《玉林师范学院学报》2009 年第 1 期。

⑤ 冉春桃、蓝寿荣：《土家族习惯法研究》，民族出版社 2003 年版，第 39 页。

人类基于社会客观现实的一种本能分配方式。这种分配方式是人类交往中的约定俗成，遵循了人类社会长期发展中形成的习惯和习俗，符合人类朴素的公平正义价值观念，体现了人类社会从现实交往出发基于简约化方式实现资源的合理而有效的配置。譬如，旅店按先来后到的顺序向顾客提供住宿。又如，餐厅向贵宾优先安排就餐等。

2. 优先权是顺序分配方式在财产权冲突上的反映。

英美法系财产权是指存在于任何客体之中或之上的完全的权利。[①] 而大陆法系财产权是指一切以经济利益为内容的权利，包括财产的支配权与请求权。[②] 后者分为物权和债权。物权又包括所有权、担保权、用益物权、先取特权等。现实生活中存在债务人的财产到期不能清偿若干债权的问题。换句话说，债务人的特定财产或全部财产上存在若干财产权，由此产生财产权冲突问题。因“若干财产权”主要为担保权和先取特权，故财产权冲突实为担保权之间的冲突、先特权之间的冲突及担保权与先取特权之间的冲突。而财产权冲突的解决本质上是若干债权人通过顺序分配方式公正有效地获得债务人的特定财产或全部财产上的自己的财产权。

但现实生活中，顺序本身并不代表某种利益或法益。譬如，数字之间的顺序。当立法赋予顺序利益或法益时，法律意义上的顺序产生。如在罗马法上当抵押权相互竞合时，适用时间优先权利优先的原则。[③] 即先设立的抵押权优先于后设立的抵押权。这就说明，法律上的顺序在民法领域最初体现为人们在利益获取机制上，在物权取得问题上，法律上设立了按照先

---

① 吴汉东：《论财产权体系——兼论民法典中的“财产权总则”》，载《中国法学》2005 年第 2 期。

② 许中缘、颜克云：《商法的独特性与民法典总则编纂》，载《中国社会科学》2016 年第 12 期。

③ 黄风：《罗马私法导论》，中国政法大学出版社 2003 年版，第 237 页。

来后到的方式取得的这一原则，[①] 但并非独立权利。唯有立法认可其为独立权利时，顺序权才得以产生。罗马法定抵押权即是实例。而优先权本质上是权利的顺序问题。换言之，权利的实现需要按照顺序取得以实现其立法价值功能时，就形成了优先权。因而，优先权是人类通过法律制度的设计与安排来解决现实生活中的资源有限性问题，是人类顺序现象法律化的必然结果。因为人既是符号的动物又是文化的动物。[②]

故而，优先权天生就具有权利实现的先后顺序的特性。优先权产生于权利实现之中，旨在保障在先权利优先于在后权利的实现，使在先权利承载更多的价值功能，进而减少在先权利实现的成本，最终实现权利冲突问题的有效解决。而权利冲突规则体系的建立就形成了优先权规则体系。这就赋予了优先权的独立地位，也使之与物权、债权有别。因物权和债权均为实现权利的拥有，自然就无顺序性可言。故将优先权无论是归为物权领域还是债权领域均是不适宜的，也是不妥洽的。譬如，实现优先权概念化、法典化的鼻祖，法国民法典就将优先权定位为与担保物权有别的独立民事权利，这无疑是值得肯认的，但将二者视为并列关系加以明定，这实际上混淆了逻辑概念，存在重大逻辑缺陷。如前所述，优先权是属概念（上位概念），担保物权是种概念（下位概念）。除担保权外，优先权的种概念还有特种债权优先权、优先购买权、优先租赁权、优先承包经营权、优先申请权等。根据逻辑规则，种概念与属概念是不能并列的，[③] 种概念也无法改变属概念的界定。因为，种概念是对属概念的反映，属概念是对种概念的抽象与概括。故而，优先权与担保权及其他优先权种类是包含与被包含的关系，而并非并列关系。据此，不妨说，优先权是顺序权。

---

① 谢晖:《沟通理性与法治》，厦门大学出版社 2011 年版，第 250 页。
② 谢晖:《沟通理性与法治》，厦门大学出版社 2011 年版，第 250 页。
③ 陈桂清:《种属关系的概念不能并列》，载《中国翻译》1991 年第 2 期。

3. 优先权是依债权重要性大小顺序、债权设立时间顺序、登记时间顺序来确定各冲突财产权之次序。

优先权要排除各权利的顺序，主要是以所保护债权自身重要性大小顺序为主要依据。现实生活中，债务人的财产不足以清偿两个以上债权人的债权时，便产生了立法应依何种标准来实现哪些债权优先受偿，哪些债权次之的问题？因为，透过权利（益）的设定来进行资源利益的分配，[①] 而立法就是分配利益实现社会关系的调整。所以法律所调整和保护的社会关系的重要性决定了权利自身的重要性。也就是说，何种债权优先受偿是由权利自身的重要性决定的。若债权关涉公共利益和共同利益的保护、社会公平与正义的实现等方面的重大社会关系的调整，法律就赋予这类债权优先受偿的权利，为担保或特殊保护这些债权所产生的一般优先权也就具有了优先受偿的效力。如共益费用优先权。若债权关涉公平观念、交易安全的保护等方面的社会关系的调整，法律就赋予这些债权应次之受偿，为担保或保护这些债权所产生的特别优先权具有的优先受偿效力后于一般优先权。如动产保存优先权。故而，依优先权自身的重要性，一般优先权通常优先于特别优先权。譬如，共益费用优先权优先于动产保存费用。同理，一般优先权之间与特别优先权之间的优先受偿问题也主要是依优先权自身的重要性确定的。因此，优先权之间的顺位问题是完全依赖立法者通过价值判断所作出的价值选择。从域外立法经验来看，其尽管存在差异，但除同一顺位的优先权按平等原则受偿外，其他优先权之间的顺位问题大都按债权的性质或重要性来确定其顺位。其实，同一顺位的优先权平等受偿实质上也是按所保护债权的重要性来确立的，只是债权的重要性具有同质性而言。质言之，优先权顺位的确立应以权利自身的重要性为依据，如劳动债权应

---

① 江必新、王红霞：《法治社会建设论纲》，载《中国社会科学》2014 年第 1 期。

优先于别除权。因为这是由优先权所保护的社会关系所决定的。

除此之外，优先权要确定各权利的顺序，还以债权设立时间先后顺序和登记时间先后顺序为依据，但有例外。这主要适用于传统担保权之间发生竞合时的顺位确立。具体而言，同一财产之上，数个担保权之间及担保权与其他定限物权之间的优先权顺位是依相关时间的先后顺序而确定的，但另有例外规定的除外。其中，“相关时间”是指就担保权而言，若登记了，是依登记时间，或是担保权依其他规则的规定而取得对抗效力的时间，以两者在先者为准。就其他定限物权而言，指设立的时间。

就登记的担保权而言，担保权设立的相关时间通常是其登记的时间点。因登记而取得了对抗效力的担保物权优先于未取得对抗效力的担保物权，即使后者设立的时间在先。譬如，担保权人 A 先于 B 而登记，即使 B 的担保权设立时间比 A 早，A 的担保权也优先于 B。但以登记时间来确定优先顺位会发生延迟登记的不利后果。若担保权人在权利设立后没有立即进行登记，其他担保权人可以在第一担保权人最终登记前在同一财产上进行担保权的登记，从而取得更高的优先顺位。若担保权不是通过登记，而是通过其他方式生效，比如，由担保权人实际占有或控制，那么，决定其优先顺位顺序的时间就是担保权生效的时间。

值得注意的是，担保权无论是依担保权人占有，还是依担保物权登记或任何其他情形生效，其生效的确定时间是最早实现相关生效条件的时间。但两个或更多未取得对抗效力的担保权之间依其设立时间确定其优先顺位。

综上所述，优先权的本质是顺序权。顺序是人类的一种几近于本能的行为方式，是人类社会秩序的不可或缺的构成要素，在人类的生存和发展中具有极其重要的意义。人类社会有各种各样的顺序，时间先后顺序、空间排列顺序、重要性顺序等。顺序有各种各样的功能，用于分配有限资源是顺序的常规功能之一。人类总是面临资源的稀缺，需要一定的理由和规则分配有限的资源，形成了许多分配方式包括强权分配、平均分配、计划分配、市场分配、随机分配、习俗分配[①]等，顺序分配是其中最有秩序也最有可能结果公平的分配方式。顺序分配大多是来自人类千百年来的生产生活经验，具有分配正义的道德精神和习俗约束力，是一种简约、高效、透明的分配方式，人类社会随处可见的排队现象是顺序分配的典型表现。

优先受偿权是一种出自法律意志的顺序分配方式。与大多数排队顺序出于道德习俗不同，优先受偿权的顺序完全是法律意志的结果。优先受偿权的顺序包含四种顺序，核心是债权重要性顺序。基于债权得不到清偿或全部清偿的现实可能，立法将其认为更重要或相对重要的债权排在前面，将不太重要或的债权排在后面，给排在前面的债权以更多的实现机会。至于债权的重要性，取决于立法如何认识和考量债权，例如，《企业破产法》草案第二稿一度接受了孟勤国教授的建议，将劳动债权置于抵押债权之前，[②]但在传统的别除权理论的强大压力下，劳动债权还是回到了抵押债权之后，尽管后来的实践足以证明在中国不清偿劳动债权很难完成破产程序。另外三种顺序是设立时间顺序、登记时间顺序和同一顺序。对债权重要性相同或相似的债权，设立时间和登记时间成为先后的依据，形成登记在先和设立在先的顺序规则，依据债权的自身情况分别使用。同一顺序的债权则同时进入清偿。

三、优先权是独立的民事权利

优先权作为顺序权是一种独立的民事权利。顺序本身并不具有利益性，

① 土家族对猎物的习俗分配原则是“山上打肉，见者有份”。冉春桃、蓝寿荣：《土家族习惯法研究》，民族出版社2003年版，第39页。

② 孟勤国、黄莹：《法学研究的对象和任务》，载《江汉论坛》2014年第4期。

如数字之间的顺序，但顺序在一定的时空环境下能够产生一定的利益。北京的医院专家门诊号经常被票贩子排队购买高价转手，且无论其行为是否正当合法，就其利益而言，排队在前的顺序产生了其高额的差价。顺序一旦用于资源分配，或多或少产生利益。譬如，基础套餐原价 1999 元，前十名报名者可领走情人节特价 1314 元，十名以后的报名者可领走 200 元优惠红包。[①] 并不是所有的顺序利益都能形成顺序权，大多数顺序利益由道德或习俗调整，当排队在前的人因他人插队失去领取或购买优惠商品时，道德谴责往往是应对的方法。优先权的客体不是物权中的物，也不是债权中的行为，而是法定的顺序，法定顺序代表着一定的机会利益即实际受偿债权的金额。优先权的权利人是优先债权人，义务人是所有受偿顺序在后的其他债权人，优先受偿权的内容为优先受偿的请求、抗辩和撤销有违法定顺序的债务清偿行为。在顺序权的定位下，一切具有顺序先后的受偿权都应该归于优先权之中。

① 陈全忠:《住范儿，年轻人的居住空间改造家》，载《就业与保障》2016 年第 5 期。

第六章　优先权的价值与功能

第一节　优先权的价值

优先权的本质是顺序权，旨在解决人类有限资源公正有效地分配问题。这就决定了优先权所具有的独立价值，而其独立价值又是通过其特有功能来体现的。故优先权的独立价值应包括优先权的价值和优先权的功能两方面的内容。

法律价值[①]体系包括安全、和平、秩序、自由、平等、文明、公共幸福和正义等。优先权旨在解决债务人财产上的权利冲突。权利冲突[②]虽为社会资源的总体稀缺和各方利益的交叉[③]等所致，但本质上是利益冲突。除了利益冲突观念协调、经济协调外，合理的利益制度能够真正促进人们之间以及人的利益不同方面之间实现良性互动的利益解决。[④]因而决定了优先权的价值主要为平等（公平）、安全、分配正义及秩序。

---

① 法律价值是指法律本身固有的，由其性能和特殊的调整机制、保护机制和程序机制等法律手段所反映出的，满足社会和个人法律需要的价值。陈东：《冲突与权衡：法律价值选择的方法论思考》，载《法制与社会发展》2003 年第 1 期。

② 张平华：《权利冲突辨》，载《法律科学》2006 年第 6 期。

③ 冯玉军：《权利相互性理论概说——法经济学的本体性阐释》，载《法学杂志》2010 年第 9 期。

④ 张玉堂：《利益论——关于利益冲突与协调问题的研究》，武汉大学出版社 2001 年版，第 245 页。

一、平等（公平）价值

平等可为政治上的平等和经济上的平等。此处的平等主要指经济上的平等。其系人与人之间在经济地位上是平等的，其要义在于经济利益或物质财富能够在人与人之间得到平等分配。①

现实中存在债务人的财产用于清偿到期未履行的债务的事实，债权人基于债权平等原则享有就其出卖的价金优先受清偿的权利，便产生罗马约定抵押权和质权，以及现今各大陆法上的抵押权和质权。这实为基于债权平等原则对债权人予以平等保护。

若基于“特权（法定性）”和“特定目的性”解决债务人的财产不足以用于清偿到期未履行债务这一财产利用的事实。也就是说，因财产利用过程中产生了债权人之间权利冲突问题而基于“法定性”合理而有效地安排哪些权利人应先享有权利，应后享有权利，只有先享有权利的人实现了权利之后，后享有权利的人才能享有权利，直到债务人的有限财产分配完毕为止。这些权利之间的顺序安排就形成了权利位阶。而权利位阶中居于强势地位的权利便是优先权。② 但优先权先于其他劣势权利优先受偿，并对后者构成限制，甚至使后者根本无法受到清偿。这对于其他劣势权利人来说无疑是不公平的。其实，这也是公平的。因为法律赋予相互冲突的权利中某项权利优越地位，以体现对优位权利者的特殊照顾。③ 这就说明优先权制度对债权人予以区别对待保护，实为实现实质上的平等。

---

① 向玉乔：《社会制度实现分配正义的基本原则及价值维度》，载《中国社会科学》2013 年第 3 期。

② 李友根：《权利冲突的解决模式初论》，商务印书馆 2004 年版，第 28~29 页。

③ 李仁玉、张海峡：《从顺位权试析民法之实体程序》，载《北京工商大学学报》2001 年第 5 期。

二、安全价值

安全是秩序的核心。[①] 优先权保障债权的安全。优先权赋予债权人可就债务人的特定财产或全部财产的价款优先受偿的权利，在一定程度上有利于债务人积极履行债务，保障债权的实现。若债务人到期确实不能清偿债务，债权人可基于优先权的效力行使此项权利，以确保债权的安全。

优先权保障债权的静态“交易安全”。[②] 静态交易安全系法律保护交易当事人基于交易行为所取得的利益，认为在特定的场合下，应牺牲真正权利人的利益来保护善意无过失交易者的利益，以此维护活跃的交易活动秩序，促进民事流转。[③] 因为优先权旨在解决债务人的特定财产或全部财产按一定顺序用于清偿若干债权，实现债权。但它实为债务人的财产公正地分配给若干债权人。由此决定了优先权保护的对象更侧重于法律所需保护的弱势债权人，而其保护的利益也更侧重于法定的既得利益，而非交易期待利益。故而，保障债权的静态交易安全乃优先权的价值之一。

三、分配正义价值

分配是交换的前提和基础，交换是分配的必然结果。实现分配正义方能更有效地促进交换。分配正义主要指资源分配过程中的公平公正原则。[④] 通过社会制度的合理设计和安排体现分配之公正性，这既是一个社会追求

---

① 张文显：《法哲学范畴研究》，中国政法大学出版社 2001 年版，第 197 页。

② 交易安全是指保护相信具有交易性质的法律行为成立并生效的交易主体的信赖。其分为动态交易安全和静态交易安全。丁南、贺丹青：《民商法交易安全论》，载《深圳大学学报》2003 年第 6 期。

③ 杨立新：《共同共有不动产交易中的善意取得》，载《法学研究》1997 年第 4 期。

④ 房正宏：《马克思主义公平观的当代发展及启示》，载《理论探索》2009 年第 2 期。

社会正义的一个重要标志，也是分配正义在一个社会得到实现的客观条件和重要表现。[①] 优先权制度就是当债务人不能清偿到期债务时，主要基于债权平等原则和国家直接干预将债务人的特定（全部）财产公正地分配给债权人，以促进交换。

罗马法确立了“债权平等原则”[②] 来实现债务人的财产的出卖价金平等地分配给债权人。债权平等原则尽管能“尊重债权人之间的自由竞争和确保约定物的担保的价值”[③]，保障交换的顺畅和交换的目的的最终实现。但其“平等”实为机会平等和形式平等，加之现实生活的错综复杂和交易环境的不同。这就使债权的实现只追求经济价值而忽视了其他价值（如人权价值）。此外，该原则的实施也使一些债权人的基本人权（如生存权）无法得到保障，也有违公序良俗和侵害公共利益。而且，一些债权（如工资的债权和共益费用的债权）的发生也并非经济问题，实为伦理道德问题。因而通过债权平等原则来分配债务人的财产也会造成一些实质性的非正义，但这也是“法律欲追求实质公平不能的无奈”[④]。

对此，国家直接干预分配债务人的财产的方式孕育而生。因为契约自由虽然符合交换正义，但必须符合公序良俗及社会公益的原则制约，受分配正义的制约。[⑤] 这就决定了各国和地区会根据自身经济、社会、文化及法律传统之需来确定立法应将债务人的财产优先分配给哪些债权人，即哪些债权应予以优先保护。即便如此，若债务人的特定财产不足以让优先保护的债权人的合法权益得到满足时，也无法实现分配正义。因而立法者也会

---

① 向玉乔：《论分配正义》，载《湖南师范大学社会科学学报》2013 年第 3 期。

② 债权平等原则一般是指数个债权人对于其同一债务人，先后发生数个普通债权时，其债权的效力一律平等，不因其成立先后而有效力上的优劣之分。

③ 戴新毅：《债权平等及其突破模式选择》，载《河北法学》2013 年第 6 期。

④ 王立志、李静：《债权平等性：解构与解困》，载《甘肃政法学院学报》2010 年第 2 期。

⑤ 易军：《法律行为制度的伦理基础》，载《中国社会科学》2004 年第 6 期。

赋予债权人享有对债务人的全部财产优先加以分配的权利，并在此基础上建立起国家立法直接分配债务人财产的规则体系。该分配方式虽侧重于分配正义的实现，但实为对契约自由的限制。因现代市场经济实为契约经济而决定了国家立法直接分配债务人财产的方式应为债权平等原则分配方式的补充和完善。

四、秩序价值

一个法律制度若要恰当地完成其职能，就不仅要力求实现正义，而且还须致力于创造秩序。[①] 秩序是社会存在的根本和必要条件，建立正常的社会秩序（包括交易秩序）是法律的重要任务。[②] 因债务人不能履行债务而使交易受阻，危及债权的安全和实现，由此而产生的担保权旨在将债务人的财产用于实现债权，恢复“交易秩序”，[③] 促进交易。由此而产生的法定抵押权和优先权旨在将债务人的特定财产或全部财产用于保护特殊债权的实现，旨在实现公平正义、保护国家利益和公共利益及保护弱势的债权人等，以实现社会秩序。故追求社会秩序乃优先权制度的价值重心所在。因“社会规则是社会秩序的核心”[④] 而使担保权和优先权要实现秩序价值，需建构起担保权和优先权的规则体系。

但因法的关系根源于物质关系，故担保权和优先权的规则体系会随着社会的变迁而有所不同，其秩序价值的侧重点也有所不同。

罗马时期，简单商品经济已有所发展。为了解决债务人不能按期履行

---

① ［美］E·博登海默:《法理学—法哲学及其方法》，中国政法大学出版社 1999 年版，第 318 页。

② 冯果:《论公司股东与发起人的出资责任》，载《法学评论》1999 年第 3 期。

③ 交易秩序是指交易主体在交易中所应当遵守的规则和制度。

④ 刘大洪、廖建求:《论市场规制法的价值》，载《中国法学》2004 年第 2 期。

债务而危及债权的实现的事实，罗马法学家创设了抵押和质权来保障债权的实现，实现交易秩序价值。但当罗马淳朴的风俗习惯丧失殆尽、“厚颜无耻”的堕落侵袭罗马、假借婚姻之名骗取妇女财物已经造成严重的社会问题时，由于法律规定抹杀了社会生活的真实情况，损害了妇女和被监护人的利益，所以罗马创设嫁资法定抵押权和被监护人法定抵押权赋予离婚妇女和被监护人可就债务人的全部财产优于抵押权人和质权人优先受偿。到公元5世纪，罗马的经济和政治生活陷入全面危机，奴隶阶层和广大贫民的革命运动最终于公元476年推翻了奴隶主阶级的统治，消灭了奴隶制度。[①]为了适应社会的巨大变迁，维护其统治地位，罗马立法者采取列举式的立法模式，明定法定抵押权。公元531年之后，法定抵押权不断发展，种类不断增多，形成了相对完备的法定抵押权体系。其旨在确认社会生活事实、实现公平正义、保护国家利益和公共利益、保护弱者。由此决定了罗马法定抵押权制度更侧重于追求社会秩序价值。

19世纪初，法国已进入资本主义自由阶段，加之1789年法国大革命的胜利，使当时的法国社会财产利用达到史无前例的程度。但经济高速发展的同时，也引发了贫穷、奢华的两极分化和污染等一系列社会问题。这就决定了法国民法典明定抵押权和质权制度来保障债权的实现，以维持交易秩序。而通过改造罗马法定抵押权为法定抵押权和优先权来保护特殊债权的实现，以维持社会秩序。

德国于1900年左右完成了近代化，国家经济从自然经济变成为发达的商品经济，并向垄断资本主义阶段过渡。由此使“德国社会客观上要求法律保护社会弱者、淡化公私法的划分、限制所有权和契约自由”[②]。结果，德

① 张左糸：《古罗马的奴隶制度》，商务印书馆1979年版，第4页、第35页。
② 何勤华：《德国法律发达史》，法律出版社2000年版，第239~240页。

国民法典明定不动产担保物权、动产质权和权利质权来保障债权的实现，以维持交易秩序。但仅创设法定质权来保护特殊债权的实现，以维持社会秩序。因为德国法学界保守，不顾及如何解决各种新的社会政治问题，不屑于追逐新的社会思潮，仅忠于学者使命，不愿去创造新的法律，结果是德国民法典仅是对过去灿烂的法律文化的结晶，很难孕育应然的未来社会的种子。故而，德国民法典是光辉的潘德克顿法学所完成的19世纪之子，但并未成为20世纪之父。[①]

而意大利民法典克服了德国民法典的上述缺陷，如前所述建构了包括先取特权、质权、抵押权在内的优先权规则体系，以保护债权交易秩序的同时更侧重于社会秩序的保护。这无疑是现代社会更追求社会秩序价值的客观反映。

第二节 优先权的功能

由于“价值决定功能，功能体现价值”[②]，所以优先权的价值是通过其功能来体现的。历经罗马法定抵押权——法国优先权——德国法定质权——意大利优先权的演变过程，优先权无不表明，它旨在化解人类社会的两极分化、贫富悬殊、社会动荡及各种社会矛盾和社会问题，追求公平、分配正义、安全、秩序的价值，并通过创设各种优先权种类来实现保障基本人权、维护公共利益和共同利益、维护特定社会经济秩序等积极功能。兹分析之。

① ［日］大木雅夫：《比较法》，范愉译，法律出版社2006年版，第200页。
② 陈驰：《正当行政程序之价值基础》，载《现代法学》2005年第2期。

一、保障基本人权的功能

人权是人之作为人享有或应该享有的权利，是指那些直接关系人得以维护生存、从事社会活动所不可或缺的最基本权利方面，如生命权、人身自由、人格尊严。各国法律无不以保护人类基本生存权为基本宗旨。但因自然条件、劳动条件等诸多因素的影响，现实中存在实质的不平等，弱势群体支配资源量少，承担风险能力有限，其利益的保护与之生存乃至家人的生存息息相关。若弱势群体与其他债权人对不足以清偿全部债权的债务人财产均享有债权的情形，均基于债权平等原则按各自比例受偿，则会损害弱势群体的基本生存权问题。无论是罗马法还是现代民法无不以保护弱者为己任，并通过破除债权平等原则赋予弱势群体优先权，以实现对他们优先对待和保护。譬如，罗马嫁资优先权、被监护人优先权、近现代工资优先权、意外伤亡补偿费用优先权、丧葬费优先权、事故受害人保险金优先权、债务人及其抚养人医疗费优先权、矿工优先权等。

二、维护公共利益和共同利益的功能

国家利益是公共利益，公共利益是社会公众的共同利益，共同利益则是部分人共同的利益。因公益而对公共权威的“赋权”[①]及对个人利益的合理限制实为维护和发展公益以更好保护私利，此乃现代社会所普遍接受的一种观念。基于公共利益而创设的税收优先权，旨在保障税收征管活动正常进行以维护国家利益、保障社会基本的生活秩序。基于共同利益而创设的行政机关手续费用优先权、船舶优先权、民用航空器优先权、财产保

① 张成福、李丹婷:《公共利益与公共治理》，载《中国人民大学学报》2012年第2期。

存费用优先权等。其中，财产保存费用因债权人的共同利益而支出，故赋予其优先权实为恢复或保持债务人财产的价值所必需，符合债权人的共同利益。

三、维持社会经济秩序和实现社会观念的功能

肩负维持社会经济秩序和实现社会观念的价值功能的优先权的产生，一般以双务合同的存在为基础，依其发生的具体情况，可分为两类：一是基于质权观念而产生的优先权。当债权人占有债务人之特定财产，或债务人的财产置于债权人的不动产之上时，法律推定当事人之间有默示的设立质权的意思而给予优先权的保护。譬如，旅馆经营者对旅客存放物品的优先权；承运人对于所运货物的优先权；不动产出租人对承租人置于不动产上之果实、物品及设施的优先权；权利人对公务员滥用权力或渎职而产生的债权，就该公务员的担保基金和利息的优先权；融资租赁之承租人就该不动产的优先权。二是基于“共有”观念或保值增值观念而产生的优先权。现实交易中，因债权人先向债务人交付了交易的标的物却未收到债务人的价款而使债务人的财产直接增加；债权人首先履行了应提供的劳务和其他服务后也会使债务人的财产间接增加。这时，因债权人对这些财产价值的产生和增值作出了贡献却未获得相应的回报，从而形成了某种意义上类似共有的关系。[①] 于是立法基于此观念赋予债权人优先权，以保证其债权优先受偿。譬如，动产及不动产的出卖人或借款人对买卖标的物的优先权；种子、肥料、农药及其他农用品供给人对债务人当年农作物的优先权；因不动产（包括建筑物及耕地）之设计、施工、改良及修缮而产生的对于该不

① 申卫星：《我国优先权制度立法研究》，载《法学评论》1997年第6期。

动产的优先权；因不动产之加工而产生之优先权。但值得注意的是，因此类优先权涉及债权范围广，若对优先权人过多保护，易导致交易的不安全，故各国和地区均对此类优先权加以限制，以平衡各方利益。

四、实现公平和保护弱势群体的功能

优先权的本旨是破除形式上的平等，追求实质公平。到期未能履行债务的债务人因其财产不足以清偿若干债权人时，债权人根据债权平等原则按比例受偿。而优先权却破除债权平等原则，赋予某些特殊债权人优先于其他债权人受偿，自然破坏了法律所具有的平等与公平的价值。其实，平等不是同样对待，平等对待，而是“人与人的同等对待关系”[①]。法律之所以赋予某些债权人优先权，是因为这些债权人与债务人存在某些特殊的社会关系，需法律特殊保护以实现实质性的公平与平等。但国家不能把破坏债权平等原则作为干涉债权人与债务人之间的债权债务关系的必要手段，并使之成为常态，否则就违反了公平与平等。这就要求法律应根植于社会关系的内部，去发掘社会关系的不同性质，进行类的调整，以实现人与人之间的真正平等。以社会本位为主的现代民法更注重民事主体实质上的平等，对经济弱者给予特殊的保护，以实现社会公平的价值目标。在设有优先权的国家，法律赋予那些处于弱势地位的债权人以优先权来实现此价值功能。这类优先权主要包括：工资、补贴、赔偿金优先权及其他受雇人员报酬优先权；保险金优先权；保险人或其他社会保障主体就债务人应缴保险费对债务人财产的优先权。因工人、受雇人员、事故受害人及社会保障人员属于社会弱势群体而需法律予以特别保护。他们的工资、报酬、赔偿金、保

① 卓泽渊：《法的价值论》，法律出版社 2006 年版，第 295 页。

障金等虽然数额不多，但直接关涉其基本生存权问题。若按债权平等原则同其他债权人清偿债务人的财产无疑剥夺了他们的基本生活费用，明显有悖于公平正义。故而，各国和地区法律普遍赋予这些债权以优先权。

第七章　优先权的种类和排序

第一节 优先权的种类

目的是一切法律的创造者。[①] 而立法者的任务就是去揭示和描述各种“类型”，而立法的成功与失败，端赖立法者是否正确地掌握了“类型”。[②] 优先权类型化的目的就是依据不同优先权类型建立起优先权规则体系，实现其价值功能。令人安慰的是，我国采取了德国模式上的二元立法例，并在民法特别法、民商法、担保法上分别规定了一些优先权（特指先取特权）、优先购买权、优先受偿权等。[③] 但其仅具有特殊债权的优先清偿顺序，无法对抗一般担保物权，其效力低于享有别除权的债权，这极不利于对破产费用、工资和劳动保险费用、税款等具有共益性和公益性的特殊债权的保护。[④] 此外，我国特别优先权种类欠缺，主要规定了船舶优先权、民用航空器优

---

① 何勤华:《西方法学史》，中国政法大学出版社 1996 年版，第 212 页。

② [德] 亚图·考夫曼:《类推与“事物本质”》，吴从周译，台湾地区学林文化事业有限公司 1999 年版，第 115 页。转引自李克杰:《我国狭义法律类型化的困局与化解》，载《东方法学》2016 年第 6 期。

③ 比如，我国《企业破产法》《海商法》《民用航空器法》《合同法》中规定的破产优先权、船舶优先权、民用航空器优先权、建设工程优先权等；在民商法上的优先购买权主要有承租人、共有人、股东优先购买权；民事优先受偿权主要包括抵押权人、质权人和留置权人的优先受偿权；民事优先承包权主要包括企业优先承租权和农业优先承租权；专利优先申请权等。

④ 王全弟、丁洁:《物权法应确立优先权制度——围绕合同法第 286 条之争议》，载《法学》2001 年第 4 期。

先权、土地使用权出让金优先权及建设工程承包人优先权四种，也未规定德国模式上的相应的法定质权。与法国模式上的优先权种类相比，我国法上的留置权和优先权分别对应法国法模式上的动产优先权和不动产优先权，但也未规定法国模式上完备的一般优先权。[①] 既然如此，直接二选一加以完善即可。但事实并非如此，也是行不通的。因为，法国模式上的优先权制度存在否认物权特定原则与公示原则、性质认定错位等缺陷。

而德国模式上的优先权替代制度存在缺乏体系性、效力低下等缺陷。但有学者通过分析二者的特征和功能后，认为法国法上的优先权制度在功能实现上和与我国现行法的适应性上更胜一筹。[②] 的确如此。因为，优先权调整范围之广，维护社会公平、正义作用之显著，也是德国模式下的法定抵押权制度望尘莫及的。即使在设立法定抵押权制度而未建立独立的优先权制度的国家和地区，也在其他法律中规定有优先权的某些具体内容，如我国台湾地区，除规定有法定抵押权外，还在“海商法”第 24 条规定有船舶优先权等。[③] 而更为重要的是“具体分类不完善，或有缺漏，或有重叠，必然影响类型化方法的科学性，不仅无法解决实际问题，而且还可能造成灾难性的后果”。[④] 这就意味着需进一步探究我国优先权类型化的依据和原则。

① 我国特别法还是规定了一些一般优先权，比如，《企业破产法》第 43 条、第 48 条、第 113 条，《民事诉讼法》第 207 条等均具体规定了破产费用、诉讼费用、职工工资、医疗、伤残补助、抚恤费用、税收、社会保险费用优于一般债权受偿；《商业银行法》第 71 条第 2 款规定了个人储蓄存款的本金和利息优先于税收和普通债权受偿；《保险法》第 88 条规定了赔偿或者给付保险金对税款和普通债权受偿。但我国一般优先权规定的主要不足在于一般优先权的效力不够，无法对抗一般担保物权，以至于事实上某些特殊债权得不到清偿。

② 郭明瑞、仲相：《我国未来民法典中应当设立优先权制度》，载《中国法学》2004 年第 4 期。

③ 王全弟、丁洁：《物权法应确立优先权制度——围绕合同法第 286 条之争议》，载《法学》2001 年第 4 期。

④ 李克杰：《我国狭义法律类型化的困局与化解》，载《东方法学》2016 年第 6 期。

现实生活中，法律被赋予优先权的具体债权种类多样，性质各异，不仅有合同之债、侵权之债，甚至已经超越了民法意义上债的概念，如税收、社会保险金等。这样一来，基于法律政策的考量，优先权的设置常常要顾及社会生活的多个方面，也不受民法的基本概念支配，其意义也不仅仅局限于民法领域。而且，被赋予优先权的债权种类丰富复杂，法律无法以债权自身所具有的不同性质为基础对其进行分类，而只能以优先权及于债务人财产的范围和优先权的效力的不同作为依据。[①]而法国模式上的优先权类型[②]正是以此为依据将优先权分为特别优先权与一般优先权两大类，也是适宜我国借鉴的。因为，这不仅能有效克服我国现行优先权类型缺失和效力低下的缺陷，还遵循了我国不动产与动产二分的传统，而且还有利于我国优先权价值功能的实现。因为，特别优先权通常基于占有或交付，因而其体现的是法律对自力救济行为的认可，而一般优先权则体现为对具体权利更直接的保护。而且，特别优先权与一般优先权的区别对于正确认识优先权的利益对象选择与立法技术安排非常重要。[③]即特别动产的优先权与特别不动产的优先权在性质上是很相似的，主要区别仅在于标的物的不同，但均体现了法律基于公平原则对债权人不归还标的物行为有效性的承认和基于实用主义对随之而来的处分权能的批准。[④]一般优先权虽然与债务人的财产并未特定关系，但法律仍赋予优先受偿的效力，体现了明显的社会公共政策。而其具体优先权的创设应遵循体现优先权价值功能的原则与适应社

---

① 梅夏英、方春晖:《优先权制度的理论和立法问题》，载《法商研究》2004年第3期。

② 对于优先权种类的划分标准，各国和地区规定较为一致，主要包括两种，即依客体是否特定，将优先权分为一般优先权与特别优先权；依客体标的为动产或不动产，一般优先权又分为一般动产优先权和一般不动产优先权，特别优先权又分为特别动产优先权和特别不动产优先权。

③ 梅夏英、方春晖:《优先权制度的理论和立法问题》，载《法商研究》2004年第3期。

④ [德]曼弗雷德·沃尔夫:《物权法》,吴越、李大雪译,法律出版社2002年版,第388页。

会经济发展的原则，[1]因为，我国是社会主义国家，与法国法上的优先权立法基础也有所不同。同时，也应持严格控制具体类型的态度以避免危及交易安全。故此，中国民法典应吸收和镜鉴法国模式上的优先权类型，实现我国优先权类型化。对此，有学者结合我国国情和现实对我国实体法上的优先权提出了基本构想，[2]也认可“我国现行留置权应保留现行规定，但不适用其规定又需特别保护的债权可赋予其特别优先权种类；并论述了程序法上的优先权统一规定问题”。[3]这无疑是值得肯定的，但未对我国担保物权和程序法上的优先权作出合理安排，自然也是有瑕疵的。前者因否认担保物权是优先权所致；后者因对优先权的性质和公债私法保护认知有偏差所致。但如前所述，因担保物权是优先权的一种，故应将担保物权看作是特别优先权的一种，统一规定在特别优先权中；如前所述，因无论是实体法上的优先权还是程序法上的优先权实际上是权利保护的方法，且公债私法保护符合私法精神和现代法治要求，[4]故应统一规定于优先权篇。据此，中国民法典应依保护利益的不同将优先权分为实体法上的优先权和程序法上的优先权来统一建构我国优先权类型体系。

---

① 罗慧明：《论民事优先权种类的立法选择》，载《华东交通大学学报》2006 年第 6 期。

② 优先权分为一般优先权和特别优先权。（1）一般优先权。它分为优于所有债权人的一般优先权和优于普通债权人的一般优先权，前者包括共益费用优先权和最近一年内之职工工资优先权，后者包括丧葬费、医疗费优先权、日用品供养优先权、最近一年外之职工工资及劳务费优先权。（2）特别优先权。它分为动产优先权、不动产优先权和知识产权优先权。①动产优先权。它主要包括不动产租赁优先权、动产保存优先权、动产买卖优先权、责任保险金优先权。②不动产优先权。它主要包括不动产保存优先权、不动产建设优先权、不动产买卖优先权。③知识产权优先权。它包括技术合同优先权、著作权优先权、商标权和使用权优先权及职务发明人及职务作品作者优先权。郭明瑞、仲相、司艳丽：《优先权制度研究》，北京大学出版社 2004 年版，第 188 页。

③ 郭明瑞、仲相、司艳丽：《优先权制度研究》，北京大学出版社 2004 年版，第 174 页、第 267 页。

④ 江平：《罗马法精神与当代中国立法》，载《中国法学》1995 年第 1 期。

既然优先权制度为中国现实之需，那么确定我国优先权种类乃我国优先权制度建构的首要问题。因为目的是一切法律的创造者。[①] 而立法者的任务就是去揭示和描述各种“类型”，而立法的成功与失败，端赖立法者是否正确地掌握了“类型”。[②] 优先权类型化的目的就是依据不同优先权类型建立起优先权规则体系，实现其价值功能。

但我国现行法实际上采取了德国模式，并在民法特别法、民商法、担保法上分别规定了一些优先权（特指先取特权）、优先购买权、优先受偿权等。[③] 但其仅具有特殊债权的优先清偿顺序，无法对抗一般担保物权，其效力低于享有别除权的债权，[④] 这使破产费用优先权、工资优先权、税收优先权等有名无实。此外，我国特别优先权种类欠缺，主要规定了船舶优先权、民用航空器优先权、土地使用权出让金优先权及建设工程承包人优先权四种，也未规定德国模式上的相应的法定质权。

如前所述，中国民法典应吸收和镜鉴法国模式和意大利模式上的优先权类型，实现我国优先权类型化。对此，有学者结合我国国情和现实对我国实体法上的优先权提出了基本构想，[⑤] 也认可我国现行留置权应保留现行规定，但不适用其规定又需特别保护的债权可赋予其特别优先权种类；并论

---

① 何勤华：《西方法学史》，中国政法大学出版社 1996 年版，第 212 页。

② ［德］亚图·考夫曼：《类推与“事物本质”》，吴从周译，台湾地区学林文化事业有限公司 1999 年版，第 115 页。转引自李克杰：《我国狭义法律类型化的困局与化解》，载《东方法学》2016 年第 6 期。

③ 比如，我国《企业破产法》《海商法》《民用航空器法》《合同法》中规定的破产优先权、船舶优先权、民用航空器优先权、建设工程优先权等；在民商法上的优先购买权主要有承租人、共有人、股东优先购买权；民事优先受偿权主要包括抵押权人、质权人和留置权人的优先受偿权；民事优先承包权主要包括企业优先承租权和农业优先承租权；专利优先申请权等。

④ 王全弟、丁洁：《物权法应确立优先权制度——围绕合同法第 286 条之争议》，载《法学》2001 年第 4 期。

⑤ 郭明瑞、仲相、司艳丽：《优先权制度研究》，北京大学出版社 2004 年版，第 188 页。

述了程序法上的优先权统一规定问题[①]。这无疑是值得肯定的，但未对我国担保物权和程序法上的优先权作出合理安排，自然也是有瑕疵的。前者因否认担保物权是优先权所致；后者因对优先权的性质和公债私法保护认知有偏差所致。但如前所述，因担保物权是优先权的一种，故应将担保物权看作是特别优先权的一种，统一规定在特别优先权中；如前所述，因无论是实体法上的优先权还是程序法上的优先权实际上是权利保护的方法，且公债私法保护符合私法精神和现代法治要求，[②] 故应统一规定于优先权编。故而，中国民法典应依保护利益的不同将优先权分为实体法上的优先权和程序法上的优先权来统一建构我国优先权类型体系，即我国优先权为广义上的优先权，[③] 其种类包括先取特权（包括知识产权优先权）、担保物权及特别法上的优先权。由上可知，我国优先权为广义上的优先权。[④]

其实，我国现有的优先权大致有十三种：（1）担保物权，包括抵押、质押和留置；（2）定金；（3）优先购买权，包括股东优先购买权、承租人优先购买权、其他共有人优先购买权、委托人对发明的优先购买权、完成人对职务技术成果的优先购买权和合作人一方对合作发明的优先购买权等；

① 郭明瑞、仲相、司艳丽:《优先权制度研究》，北京大学出版社 2004 年版，第 174 页、第 267 页。

② 江平:《罗马法精神与当代中国立法》，载《中国法学》1995 年第 1 期。

③ 优先权是一种根据法律规定或当事人约定，当不同性质的若干民事权利发生冲突时，某一权利人的民事权利先于其他民事权利人实现的民事权利。蔡福华:《民事优先权研究》，人民法院出版社 2002 年版，第 7~8 页；李锡鹤:《论民事优先权的概念》，载《法学》2004 年第 7 期。

④ 优先权是一种根据法律规定或当事人约定，当不同性质的若干民事权利发生冲突时，某一权利人的民事权利先于其他民事权利人实现的民事权利。蔡福华:《民事优先权研究》，人民法院出版社 2002 年版，第 7~8 页；李锡鹤:《论民事优先权的概念》，载《法学》2004 年第 7 期。

（4）代位权人优先权；（5）税收优先权；（6）船舶[①]、民用航空器[②]优先权；（7）保全财产优先权；（8）探矿权人优先权；（9）建设工程价款优先权[③]；（10）破产费用与共益债务优先权[④]；（11）劳动债权优先权，[⑤]包括工资、医疗费、伤残补助费、抚恤金费用、应由企业承担的职工个人的养老保险、医疗保险等费用和其他补偿金等；（12）个人储蓄存款本金与利息优先权[⑥]；（13）保险赔偿金优先权[⑦]。

但我国现行法仅有的十三种优先权使我国一些优先权游离于法律保护之外，进而导致现实中的一些债权冲突问题难以解决。根据我国国情与现实我国民法典适宜新增加四种优先权，即知识产权优先权，包括技术合同优先权、著作权优先权、商标权与商标使用权优先权、职务发明人与职务作品作者优先权；善良风俗优先权，包括医疗费用优先权、丧葬费用优先权和日用品供给费用优先权；商品房房款优先权；租金优先权。

一、知识产权优先权

我国民法典应增设知识产权优先权。这无疑是知识经济及信息时代发展所需。因为，知识产权是重要的财产权，虽其与物权属不同性质的权利，但二者确有类似之处，且许多情况下知识产权法均可准用物权法的有关理论。[⑧]因在物的利用、保存及交易关系中，债权人享有对特定物的优先权，

---

① 《海商法》第22条。
② 《民用航空法》第18条。
③ 《合同法》第286条。
④ 《企业破产法》第109条和第113条。
⑤ 《企业破产法》第41条、第42条、第43条、第48条、第113条。
⑥ 《商业银行法》第71条第2款。
⑦ 《保险法》第88条。
⑧ 仲相、司艳丽：《知识产权法中物权理论的应用》，载《烟台大学学报》2002年第3期。

故我国民法典应赋予在类似的知识产权关系中的债权人享有对特定知识产权的优先权，并明定下列四种以知识产权为标的的优先权。[①]

1. 技术合同优先权。技术合同优先权系研究开发人或让与人因履行技术开发合同或技术转让合同而产生的对委托人或受让人的债权，就委托人或受让人因合同取得的知识产权享有优先权（《建议稿》第546条）。由此享有技术合同优先权的主体为技术开发合同中的研究开发人员和技术转让合同中的让与人。前者所从事的是智力成果这种无体物的创造，其行为性质与从事建筑物工作的承包人并无本质不同；后者所进行的则是智力成果的转让，其行为性质与设备出卖人亦无不同。基于此，我国民法典应设立技术合同优先权。

2. 著作权优先权。著作权优先权系著作权人对因使用其作品而产生的债权，就债务人因使用作品而获得的著作财产权及相关的财产权利享有优先权（《建议稿》第547条）。债务人使用著作权人作品的情形有两种，即经著作权人允许而对作品进行改编、翻译、表演、复制等活动和未经著作权人许可而擅自对作品进行上述使用的行为，也即侵犯著作权的行为。而这两种情形均可使著作权人享有对因使用期作品而产生的著作财产权及其他财产权利的优先权。著作权优先权的立法理由是，因上述优先权客体虽为债务人所有，但其蕴含有著作权人的创造性智力劳动，设立此项优先权以著作权人得优先于其他债权人从债务人因使用作品而获得的财产权中受偿，有利于充分保护著作权人的利益。

3. 商标权和商标使用权优先权。它系因履行商标转让合同或商标使用许可合同而发生的转让人或许可人对受让人或被许可人的债权，就受让

---

① 王利明：《中国物权法草案建议稿及说明》，中国法制出版社2001年版，第139~141页；郭明瑞、仲相、司艳丽：《优先权制度研究》，北京大学出版社2004年版，第213页。

人或被许可人依合同取得的商标权或商标使用权享有优先权。其客体有两类：一是在商标转让合同中的商标权；二是在商标许可合同中的商标使用权。商标权同商标使用权之间的关系，与我国不动产所有权与不动产使用权之间的关系并无二致。基于与设立不动产出卖优先权同一之理由，也应赋予商标权转让人或许可人以优先权。这样，在转让商标权或许可使用商标权时，受让人或被许可人依约定支付转让费或使用费的，债权人得基于优先权就因其转让或许可使用而为债务人所取得的商标权或商标使用权优先受偿。

4. 职务发明人和职务作品作者优先权。依我国现行法规定，职务发明或职务作品的作者虽不能对其创造的成果享有专利权或著作权等，但有权获得相应的奖励或报酬。为保障此项请求权的实现，并基于与前项之技术开发合同中开发人之优先权相同的理由，应规定职务发明人和职务作品的作者就其作出的职务发明和职务作品享有优先权，得从职务发明和职务作品的价值优先取得其依法应得的报酬。

二、善良风俗优先权

其包括丧葬费用优先权、医疗费用优先权和日用品供给费用优先权。

1. 丧葬费用优先权。其系指当债务人死亡或与债务人有一定亲属关系的人死亡时，因此而支出丧葬费用的债权人对债务人的一般财产或其遗产享有的优先权。丧葬费用系债务人死亡或受债务人扶养的人死亡时所支出的必要的费用。因丧葬问题既关涉社会善良风俗的形成与死者基本尊严的维护，也能促进善良风俗的形成与保持，故应赋予其优先权。值得注意的是，丧葬费用的主体不限于债务人自身，还包括与债务人具有法定扶养关系的人。而其范围应包括与殓丧死者有关的一切必要费用。“必要费用”的判断标准应以地方习俗或惯例，按债务人身份而举行的殡葬仪式的费用为限。[①]

2. 医疗费用优先权。其系指为债务人及其家属提供医疗服务的债权人对债务人一般财产的优先权。医疗费用系债务人及受其扶养的人在一定时期内发生的医疗费用。法律赋予债务人及受其扶养的人以优先权，乃保障其基本人权和维护社会公序良俗所在。医疗费用的主体为债务人及债务人的法定扶养人，而其范围应为诊断治疗费、药费及护理费等，但享有优先权的医疗费用限定在最近6个月发生的费用。

3. 日用品供给费用优先权。其系指为债务人及其家属提供生活必需品的债权人对债务人一般财产的优先权。其旨在保障债务人的基本生存权。日用品供给费用系债务人及其受其扶养的人在一定时期内发生的日用品供给费用。其主体同医疗费用优先权的主体相同，但日用品供给费用的范围为债权人及受其扶养的人维持基本生存与发展之需而支付的任何费用。通常包括食物、衣服、住宿及柴、煤、油所产生的费用。[②] 但日用品供给费用限定为最后6个月内的费用，并作为优于普通债权的优先权后于丧葬费用、医疗费用而受偿。[③]

---

① 《意大利民法典》第2751条、《日本民法典》第309条和我国《澳门特别行政区民法典》第732条。

② 《法国民法典》第2101条第5项、《日本民法典》第306条、《意大利民法典》第2751条第2项、《阿尔及利亚民法典》第993条第2项及我国《澳门特别行政区民法典》第732条第1款第2项。

③ 王利明:《中国民法典学者建议稿及其立法理由（物权篇）》，法律出版社2005年版，第552页。

三、商品房房款优先权

其亦称不动产买卖优先权，是指不动产的出卖人或不动产使用权的出让人对未付的价款或出让金的债权就该不动产或不动产使用权所享有优先权。

四、租金优先权

其亦称不动产租赁优先权，是指因不动产租赁或其他相关租赁关系而发生的承租人的债务，出租人对承租人置于该不动产上的动产所享有的优先权。

第二节 优先权的排序

一、我国优先权的排序规则体系

我国现行优先权种类和新增加的优先权种类按照债权重要性、债权设立时间顺序和登记时间顺序统一排序以彻底解决我国债权冲突：

我国优先权种类按照债权重要性确立为九个等级的债权，前八个等级的债权享有优先权。

第一等级优先权是破产费用与共益债务[①]优先权，亦称共益费用优先权，是指支出共益费用的债权人所享有的就其支出从债务人的一般财产中优先受偿的权利。其因由是：我国并不存在个人破产程序，只存在企业破产程序。只有债务人的财产不足以清偿所有债权人时，才会存在债权之间谁优先受偿的问题，才会启动企业破产程序。破产费用和共益债务的支出就是保障企业破产程序的顺序进行以实现债务人的全部财产合理分配给全体债权人。若债权人的全部财产不足清偿全部破产费用与共益费用时，企业破产程序终结。破产费用与共益债务因而优先于其他任何债权受偿。

第二等级优先权是劳动债权优先权和知识产权优先权。劳动债权优先权，亦称工资优先权，是指工人就其工资或其他应得财产利益而对其所在企业或雇主的一般财产所享有的优先权；知识产权优先权，是指以债务人的特定知识产权为标的的优先权，[②]包括技术合同优先权、著作权优先权、商标权与商标使用权优先权、职务发明人与职务作品作者优先权。这两种优先权成为第二等级优先权的理由是：劳动债权与其他债权相冲突时不能优先受偿，这势必会危及劳动者及其家人的基本生存权，乃至生命权。知识产权兼具人身权和财产权双重属性，其财产权是劳动者对其智力劳动所创作的成果享有的财产权，主要体现为一种流通垄断权。[③]知识产权债权能否优先于其他债权受偿不仅关涉脑力劳动者的人身权还关涉脑力劳动者及其家人能否获得基本生活与生存资料。知识产权债权与劳动债权都具有保护

---

① 破产费用，是指人民法院受理破产申请后发生的破产案件的诉讼费用，管理、变价和分配债务人财产的费用，管理人执行职务的费用、报酬和聘用工作人员的费用的总称；共益债务，是指人民法院受理破产申请后基于债务人本身和债务人财产所发生的费用的总称（我国 2006 年《企业破产法》第 41 条和第 42 条）。

② 王利明：《中国物权法草案建议稿及说明》，中国法制出版社 2001 年版，第 139~141 页；郭明瑞、仲相、司艳丽：《优先权制度研究》，北京大学出版社 2004 年版，第 213 页。

③ 吴汉东：《知识产权法》，法律出版社 2014 年版，第 9 页。

弱势劳动者基本人权的价值，因而是同一等级的优先权。但其价值不优于破产费用和共益债务所具有的维护全体债权人权益的价值，因而，依据生存权优先于财产权的原则，劳动债权和知识产权债权优先于除破产费用和共益债务之外的其他债权受偿。

第三等级优先权是善良风俗优先权，包括医疗费用优先权、丧葬费用优先权和日用品供给费用优先权。医疗费用优先权，是指为债务人及其家属提供医疗服务的债权人对债务人一般财产的优先权；丧葬费用优先权，是指当债务人死亡或与债务人有一定亲属关系的人死亡时，因此而支出丧葬费用的债权人对债务人的一般财产或其遗产享有的优先权；日用品供给费用优先权，是指为债务人及其家属提供生活必需品的债权人对债务人一般财产的优先权。这些优先权之所以成为第三等级优先权，是因为债务人的医疗费用、日用品供给费用、丧葬费用关涉债务人及其家属的生死和死者基本尊严，具有保护弱势债务人和维护善良风俗的伦理价值，因而应优先于其他债权受偿，但依据债权人先于债务人受保护的原则，其后于除第一等级至第二等级优先权外的其他债权受偿。

第四等级优先权是个人储蓄存款本金与利息优先权、保险赔偿金优先权、商品房房款优先权、租金优先权和建设工程价款优先权。个人储蓄存款本金与利息优先权，是指存款人对存款本金和利息优先于税收和普通债权受偿；[①] 保险赔偿金优先权，亦称责任保险金优先权，是指因事故发生而对加害人享有侵权之债的受害人，就加害人因该事故取得的责任保险金所享有的优先权，是保险人对赔偿或给付保险金优先于税款和普通债权受偿；[②] 商品房房款优先权，亦称不动产买卖优先权，是指不动产的出卖人或不动产

---

① 《商业银行法》第 71 条第 2 款。

② 《保险法》第 88 条。

使用权的出让人对未付的价款或出让金的债权就该不动产或不动产使用权所享有优先权；租金优先权，亦称不动产租赁优先权，是指因不动产租赁或其他相关租赁关系而发生的承租人的债务，出租人对承租人置于该不动产上的动产所享有的优先权；建设工程价款优先权，是指承包人对建设工程的折价或拍卖的价款优先受偿。这些优先权成为第四等级优先权之理由是：作为债权人的存款人、受害人、出卖人、出租人和承包人本身就是个人储蓄存款本金与利息、保险赔偿金、商品房房款、租金和建设工程价款的所有权人，当其受到侵害时，这些所有权人依法享有请求返还原物、赔偿损失等权利。个人储蓄存款本金与利息、保险赔偿金、商品房房款、租金和建设工程价款因而是这些债权人所享有的直接财产权，[①] 是物权，具有优先效力和追及效力。若法律不赋予这些债权人优先于其他债权人受偿，在他们诚实履约后，自己的财产减少，债务人的财产增加，未免对他们不公；若他们与其他债权人同等受偿，其他债权人有不当得利之嫌。法律基于公平原则赋予存款人、受害人、出卖人、出租人和承包人以优先权，这些优先权因而具有实现公平正义的价值，但这价值不优于第一等级至第三等级优先权所具有的维护全体债权人利益、保护基本人权、维护善良风俗的价值，第一等级至第三等级优先权因而优先于第四等级优先权受偿。

第五等级优先权是优先购买权、探矿权优先权和代位权人优先权。优先购买权，是指法律赋予特定对象的先于其他权利人主张自己财产权利的权利，包括股东优先购买权、承租人优先购买权、其他共有人优先购买权、委托人对发明的优先购买权、完成人对职务技术成果的优先购买权、合作人一方对合作发明的优先购买权等。探矿权人优先权，是指探矿权人优先

---

① 直接财产权可以采用财产权的救济方法，但间接财产权因侵权并不直接侵犯其财产而不能适用财产权的救济方法。许中缘、颜克云：《论法人名誉权、法人人格权与我国民法典》，载《法学杂志》2016 年第 4 期。

取得勘查区内的采矿权。[①] 代位权人优先权，是指行使代位权的债权人优先于其他没有行使代位权的债权人的受偿权。[②] 这些优先权成为第五等级优先权之理由是：优先购买权人、探矿权优先权人、代位权优先权人与这些优先权所指向的标的之间有特别的结合关系和人身关系，如优先购买权人是承租人或共有人，探矿权优先权人是探矿权人，代位权优先权人是代位权人。为了保护这些特别关系，法律赋予这些优先权人优先于其他债权人受偿，这些优先权因而具有保护现有特别经济关系，节约社会资源的价值，但相对于其他交易主体和其他不享有代位权的债权人而言，也有失公平之嫌。其价值不优于第四等级优先权所具有的公平正义的价值，第五等级优先权因而后于第四等级优先权受偿。

第六等级优先权是担保性优先权，分为以动产为标的的担保性优先权和以不动产为标的的担保性优先权。（1）以动产为标的的担保性优先权，包括定金优先权、留置优先权和质押优先权。定金优先权，是指当事人可以约定一方向对方给付定金作为债权的担保；[③] 留置优先权，是指债权人按照合同约定占有债务人的动产，债务人不按照合同约定的期限履行债务的，债权人有权留置该财产，以该财产折价或者以拍卖、变卖该财产的价款优先受偿；[④] 质押优先权有动产质押优先权和权利质押优先权两种。动产质押优先权是债务人或者第三人将其动产移交债权人占有，将该动产作为债权的担保；[⑤] 权利质押优先权，是指债务人将可以质押的权利移交债权人占有，将该权利作为债权的担保。以动产为标的的担保性优先权都是以交付占有为要件，都依据债权设立时间顺序先后确定先后的清偿。（2）以不动产为标

① 《矿产资源法实施细则》第16条。
② 《最高人民法院关于适用〈中华人民共和国合同法〉若干问题的解释（一）》第20条。
③ 《担保法》第89条。
④ 《担保法》第82条。
⑤ 《担保法》第63条。

的的担保性优先权，包括不动产抵押优先权、船舶优先权、民用航空器优先权。不动产抵押优先权是以不动产作为标的抵押优先权，主要包括船舶抵押优先权和民用航空器抵押优先权。船舶抵押优先权，是指抵押权人对于抵押人提供的作为债务担保的船舶，在抵押人不履行债务时，可以依法拍卖，从卖得的价款中优先受偿的权利；[①] 民用航空器抵押优先权，是指债权人对于债务人或第三人不转移占有而提供担保的民用航空器，在债务人不履行债务时，依法享有就担保的民用航空器享有变价并优先受偿的权利；[②] 船舶优先权，是指特定的海事请求权人对产生海事请求权的船舶的价值享有的优先受偿的权利；[③] 民用航空器优先权，是指债权人向民用航空器所有人、承租人提出赔偿请求，对产生该赔偿请求的民用航空器具有优先受偿的权利[④]。以不动产为标的的担保性优先权通常是以登记为要件，都是依据债权登记时间顺序先后确定先后的清偿。

担保性优先权之所以成为第六等级优先权，是因为以动产为标的的担保性优先权和以不动产为标的的担保性优先权虽然在标的、要件、优先受偿的依据方面有所不同，但都是法律对债权人之间自由竞争的认可，都按照时间顺序确立先后的清偿，都具有促进交易、增加社会财富的价值，这两种担保性优先权因而是同一等级的优先权，但其后于第五等级优先权受偿，第五等级优先权毕竟具有保护现有特别经济关系，节约社会资源的价值。

第七等级优先权是保全财产优先权，是指根据民事诉讼当事人处分原则，申请财产保全的申请人对依法申请保全的具体财产享有优先权。其理

---

① 《海商法》第 11 条。
② 《民用航空法》第 16 条。
③ 《海商法》第 22 条。
④ 《民用航空法》第 18 条。

由是：保全财产的申请人对债务人的特定财产向法院提出保全申请，法院依保全财产裁决书赋予保全财产以优先权，保全财产优先权具有司法公正的价值。但其适用范围和价值远不如担保性优先权，其应后于担保性优先权受偿。

第八等级优先权是税收优先权，是指特定税款基于法律的直接规定而享有的就债务人的一般财产或特定财产优先受偿的权利。其理由是：税收本身是国家以国家强制力为后盾凭借政治权力参与国民收入分配和再分配，但法律若将税收权利视为公法上的行政权，会过于强调税收关系中双方地位的不平等，忽视纳税人及其债权人的正当权利，也不利于税收权利的真正实现及立法资源的节约，税收因而应视为是一种仅优先于普通债权的公法债权。但税收优先权后于保全财产优先权受偿，保全财产优先权毕竟是法院依法判决的结果。与普通债权相比，税收在我国政治、经济、社会和文化发展方面具有重要地位，我国不宜借鉴“德国、奥地利、澳大利亚等国的破产法都将税收视为与普通债权无异的一般债权”① 的做法。

第九等级的债权是普通债权，是不享有优先地位的债权。不问其产生日期，第九等级的债权依前述清偿后剩余的债务人财产依比例受偿。

上述九个等级的债权的优先受偿效力逐级递减，第一等级优先权优先于第二等级优先权受偿，第二等级优先权优先于第三等级优先权受偿，依此类推。

但在上述第一至第八等级优先权中，每一等级优先权中的同种类的优先权之间的顺序和不同种类的优先权之间的顺序都是基于债权重要性相同依据同一顺序予以确定。若债务人的财产不足以全部清偿的，通常按照债权比例清偿，但例外的是，有些债权按照债权设立时间顺序（倒序）和登

① 李水军：《破产法律制度：清算与再建》，中国法制出版社 2000 年版，第 334 页。

记时间顺序确立先后清偿。具体而言，即是：

按照债权设立时间顺序（倒序）确立先后清偿的优先权有：（1）先设立的优先购买权（租金优先权、留置优先权、抵押优先权）先于后设立的优先购买权（租金优先权、留置优先权、抵押优先权）。（2）先设立的抵押优先权先于后设立的质押优先权。（3）先出租后设定抵押的房屋，承租人优先购买权先于抵押优先权。（4）先设立的动产质押优先权先于后设立的动产质押优先权，但当后设立的动产质押优先权属于善意取得时，依设立时间倒序，先于先设立的动产质押优先权。（5）先设立的抵押优先权、质押优先权及留置优先权先于后设立的税收优先权。（6）先设立的抵押优先权、留置优先权先于后设立的保全财产优先权。[①]（7）后发生的关于救助报酬、船舶共同海损分担额、为船舶继续航行之必要报酬等的船舶优先权先于先发生的关于救助报酬、船舶共同海损分担额、为船舶继续航行之必要报酬等的船舶优先权；后次航行之海事请求船舶优先权先于前次航行之海事请求船舶优先权；后发生的援救报酬（保管维护费）民用航空器优先权先于先发生的援救报酬（保管维护费）民用航空器优先权[②]等。

按照债权登记时间顺序确定先后清偿的优先权有：（1）先登记的抵押优先权（质押优先权、留置优先权）先于后登记的抵押优先权（质押优先权、留置优先权）；（2）登记的抵押优先权先于未登记的抵押优先权[③]；（3）先登记的权利质押优先权先于后登记的权利质押优先权；（4）已登记的抵押优先权先于未登记的质押优先权[④]等。

① 《最高人民法院关于适用〈中华人民共和国民事诉讼法〉若干问题的意见》第 102 条。
② 《民用航空法》第 19 条第 2 款。
③ 《物权法》第 199 条；《担保法》第 54 条。
④ 《最高人民法院关于适用〈中华人民共和国担保法〉若干问题的解释》第 79 条第 1 款。

二、我国优先权排序的案例分析

优先权之间的排序规则以一个案例予以说明。案情简介：M公司于2018年1月破产，所剩资产为14.5亿元，其中，动产为5亿元，不动产为3亿元，其他财产为4.5亿元。但所欠员工工资1亿元、社会保险费1亿元、破产清算中共益费用1亿元，欠国税1亿元（2015年8月8日）、地税1亿元（2015年8月8日），欠A公司已向银行支付的房屋抵押款1亿元（设立于2014年4月4日），欠B公司办公场地费1亿元，欠C公司设备款1亿元，欠D公司建设工程款1亿元，欠E公司商标使用费1亿元，欠F公司房屋买卖款1亿元，欠G公司向银行支付的质押款1亿元（设立于2015年1月1日），欠H公司留置款1亿元（设立于2013年1月1日），欠其他3位普通债权人2亿元。共计欠款15亿元。问题是：M公司的14.5亿元资产如何分配？

案例分析：（1）员工工资、共益费用、社会保险费均为一般优先权，依一般优先权优先于特别优先权的原则，依生存权优先于财产权的原则，依共益费用绝对优先原则，三者之间的顺位次序是：员工工资；共益费用；社会保险费。故从M公司的14.5亿元资产中的3亿元资产分别受偿员工工资1亿元，共益费用1亿元，社会保险费1亿元。

（2）一般优先权与留置权之间竞合时，一般优先权优先于留置权。留置权优先于税收优先权。因此，H公司从M公司的剩余的11.5亿元资产中获得留置款为1亿元。一般优先权与税收一般优先权竞合时，前者优先于后者；税收一般优先权与特别优先权竞合时，前者优先于后者；且国税优先权优先于地税优先权，故M公司剩余的10.5亿元资产，先用于支付国税1亿元，后用于支付地税1亿元。

（3）M公司所欠B公司办公场地费1亿元属于不动产租赁优先权，欠

C公司设备款1亿元属于动产买卖优先权，欠E公司商标使用费1亿元属于商标使用权优先权，三者均为特别动产优先权。其顺位次序是：不动产租赁优先权；动产保存优先权；动产买卖优先权。因M公司的动产为5亿元，故B公司获得办公场地费1亿元，欠C公司设备款1亿元和欠E公司商标使用费1亿元属于同种类的特别动产买卖优先权，故C公司和E公司从M公司所剩余的4亿元动产中分别获得1亿元。动产优先权与动产质权竞合时，前者优先于后者。故G公司从M公司剩余的动产为2亿元中获得质押款1亿元。

（4）欠D公司建设工程款1亿元属于不动产建设优先权，欠F公司房屋买卖款1亿元属于不动产买卖优先权，二者均属于特别不动产优先权。其顺位次序为：不动产保存优先权；不动产建设优先权；不动产买卖优先权。故D公司优先于F公司。不动产建设优先权无论登记与否均优先于抵押权；不动产买卖优先权与抵押权均未登记，二者发生竞合时，抵押权优先。欠A公司已向银行支付的房屋抵押款1亿元和欠F公司房屋买卖款1亿元均未登记，二者竞合时，抵押权优先。因M公司的不动产为3亿元，故D公司首先获得建设工程款1亿元，其次A公司获得房屋抵押款为1亿元，最后F公司获得房屋买卖款1亿元。

（5）先设立的质押与后设立的抵押权竞合时，质权因占有具有公示效力，故前者优先于后者。但A公司抵押权的标的是房屋，故本案中的质押与抵押权不发生竞合，也不存在G公司向银行支付的质押款为1亿元（质押设立于2015年1月1日）优先于A公司已向银行支付的房屋抵押款为1亿元（抵押权设立于2014年4月4日）的情形。

（6）M公司尽管还欠其他3位普通债权人2亿元，应按比例同等受偿，但M公司仅剩余1.5亿元的资产，故每位普通债权人受偿0.5亿元。

上述优先权的种类和排序还只是一个粗略的设想，种类或有遗漏，理由比较简单，论述尚未深入，不当之处在所难免，有待进一步研究。但是，这不影响优先权本身的重要性。制度的重要性源于现实生活的需要，理论研究不足不是忽略制度的理由。债权冲突牵涉基本人权、公序良俗、公平正义等民法价值取向，对当事人的民事权利和利益具有普遍的影响力，我国民法典不能缺失解决债权冲突的制度和规则。优先权作为一种顺序权，是解决债权冲突的路径，立法机关应当对优先权予以高度重视，作出合理的制度安排。

第八章　中国优先权的基本构想

第一节　我国优先权的立法方案

就我国现行立法方案构想而言，我国理论界争议较大，但均认可我国引入优先权制度的必要性和可行性，并大致上提出了改造担保物权制度和建构优先权制度两种立法方案，但均存在固有缺陷和不足。第一种立法方案，[①] 认为应尽力吸收优先权制度，改造我国现行担保物权制度，即修改抵押权制度，增加法定抵押权，由其吸收不动产特别优先权；增设法定质权制度，由其吸收现行留置权和动产特别优先权；增设仅具有留置功能的留置权制度，引入意定留置权制度。此方案主要存在"将优先权并入担保物权，会造成优先权体系的割裂和优先权与担保物权冲突，影响担保立法的逻辑性"[②] 的缺陷。第二种立法方案中，存在物权法模式和特别法模式两种，前者认为将优先权制度统一规定在物权法中；而后者认为物权法规定优先权的一般规定；特别法规定优先权的具体内容，并在具体方案设计上，有三种。[③]

第一种设计方案，认为物权法应只规定一般优先权，而特别优先权以法定抵押权、法定质权、法定留置权的名义并入现行担保物权体系中。该设计实际上借鉴了德国模式优先权制度。第二种设计方案，认为物权法应

---

① 宋宗宇：《优先权制度研究》，法律出版社 2007 年版，第 223 页。
② 宋宗宇：《优先权制度研究》，法律出版社 2007 年版，第 205 页。
③ 申卫星：《我国优先权制度立法研究》，载《法学评论》1997 年第 6 期。

设立统一的优先权制度，包括设立一般优先权和特别优先权，并由特别优先权吸收留置权，使留置权成为特别优先权中的一项权能，优先权成为与质权、抵押权对应的唯一法定担保物权，使现行担保物权体系呈现出优先权、抵押权、质权并存的局面。此设计实际上是法国模式优先权制度。

第三种设计方案堪称主流观点，并认为物权法应设立统一的优先权制度，保留留置权使优先权作为一项与抵押权、质权、留置权并存的独立担保物权。该设计既保持了优先权的统一体系，又与我国现行担保物权体系相融合。如前所述，王利明先生主持起草的《中国物权法草案建议稿》中对优先权制度的设计即是实证。但第三种设计也存在两点不足。一是并未真正揭示优先权的性质，也未全面诠释优先权的内涵，致使优先权沦落为担保物权。其实，如前所述，优先权是一项独立的技术性权利，有别于物权和债权，优先权实质上是解决权利人之间的权利冲突，担保物权本质上是优先权。此乃实体法上的优先权体系化问题得以真正解决的前提和基础。二是排除了程序法上的优先权。其实，优先权是否统一规定本质上是立法技术问题。尽管学理上有争议，但统一规定可以解决因优先权与我国《民法诉讼法》之间的不协调在法律适用上所造成的困难。因为民法典属民事基本法，在法律级别上与《民事诉讼法》等程序法是同一级别的法律，按照新法优于旧法的原则，在解决同一事项时在法律适用上当然应适用优先权制度，也就不必担心二者间由于优先权的不同规定而造成法律适用上的冲突。而且，立法者基于二者的协调性问题，可对包括担保物权在内的优先权竞合时的效力与顺序作统一安排，在修改民事诉讼法时，也可以使优先权制度与民事诉讼法的规定相互协调。[①]

由上可知，中国优先权体系结构应是：中国优先权制度独立成篇，并

---

① 郭明瑞、仲相、司艳丽:《优先权制度研究》，北京大学出版社 2004 年版，第 267 页。

于权利的保护篇中创设统一优先权制度，既设立一般优先权又设立特别优先权，既包括实体法上的优先权又包括程序法上的优先权，并在特别优先权中规定抵押权、质权、留置权，使抵押权、质权与留置权成为特别优先权的权能。具体内容包括优先权的一般规定、一般优先权、特别优先权（包括抵押权、质权、留置权在内）、特别法（程序法）上的优先权（包括船舶优先权和航空器优先权等在内）、取得、标的、担保范围、保全及消灭事由、顺位等。

基于上述考虑，笔者拟就中国的优先权制度提出上述基本构想，从某种意义上说，这也是中国优先权制度的基本构想。此基本构想的理由有三。

其一，优先权制度是一个国家或地区国情、经济、社会基础的反映。每一既定社会的经济关系首先表现为利益，[①] 经济利益是生产关系的具体表现，只有从生产关系出发，才能说明利益的本质和历史作用。而且，任何社会变革归根结底都必须重新调整人们的利益关系，以促进和推动社会生产的发展，以满足人们的物质文化的利益需要。[②] 既然如此，那么罗马法定抵押权制度是西罗马帝国灭亡时奴隶制经济的集中反映，法国优先权制度是法国大革命胜利后资本主义经济自由发展阶段的反映，德国优先权制度是德国统一后资本主义经济垄断阶段的反映。这就意味着无论是奴隶制经济社会中还是资本主义经济社会中，均存在大量的权利冲突问题，比如，税收问题、工资拖欠问题、贫富差距问题、基本人权保障问题。除一个国家（地区）人口增长、政府失灵、法律不完善等因素外，市场失灵和社会资源有限性无疑是导致此问题的主要原因。除控制人口增长、节约社会资源、发展经济来解决此问题外，国家基于维持社会经济秩序和发展经济之

---

① 《马克思恩格斯选集（第3卷）》，人民出版社1995年版，第209页。

② 王伟光：《利益论》，中国社会科学出版社2010年版，第35~36页。

需，直接干预社会资源分配不失为是行之有效的方法。优先权制度自诞生之日起就肩负此重要使命，并将维护社会经济秩序和保障基本人权定位为其价值功能之一。而此价值功能的实现主要是通过创设工资优先权、医疗费优先权、共用费用优先权、保险费优先权等来实现的。这就说明，优先权保护的特殊社会关系，作为一种客观事实无论在哪个国家（地区）都存在，都需要得到特殊保护，我国也不例外，且更为紧迫。因为，尽管改革开放以来取得了举世瞩目的成就，但因复杂深刻的经济、政治、文化、道德等因素，决定了在现阶段各个不同利益群体之间，不仅存在个别、特殊利益之间的矛盾，还存在个别、特殊利益同社会共同利益之间的矛盾。[①]特别是现阶段人民物质文化生活水平还不高，社会弱势群体数量庞大，劳动者的生存状况较为严峻，尤为突出的是贫富差距、老龄化、留守儿童等问题。这均需通过优先权这种民法制度予以特殊的保护，以促进我国市场经济的健康快速发展。

其二，优先权制度在公物上设立是国家生活的反映。公物系指直接服务于公共福利的财产，包括提供于公务使用的财产和提供于公众使用的财产。[②]公有物和公用物属于国家所有，不得转让，不得作为取得时效的客体，但已不再作为公有物或公用物的除外。[③]这意味着“公有的公物与私有的公物都是保障公民人权的重要物质基础。离开了它，不仅公民的平等权难以实现，公民的其他基本权利和自由的实现也将面临困难”。[④]但现实生活的悖论是“凡是属于最多数人的公共事物常常是最少受人照顾的事物，人们关怀着自己的所有，而忽视公共的事物；对于公共的一切，他至多只留心到

---

① 王伟光：《利益论》，中国社会科学出版社 2010 年版，第 390 页。

② 张杰：《公共用公物权研究》，法律出版社 2012 年版，第 39 页。

③ 梁慧星：《中国物权法草案建议稿——条文、说明、理由与参考立法例》，社会科学文献出版社 2002 年版，第 16 页。

④ 肖泽晟：《论公物在中国人权保障中的作用》，载《南京大学学报》2003 年第 3 期。

其中对他个人多少有些相关的事物”。[①] 于是，世界各国和地区均会预先通过制度设计尤其是法律制度来保护国家生活中的公物免受损害以维护国家利益和社会公共利益，进而实现和保障公民的基本人权和自由。此乃优先权的价值功能之一。而此价值功能的实现，是通过创设具体优先权种类来实现。罗马时期就创设了税收法定抵押权，旨在保障税收征管活动正常进行以维护国家利益、保障社会基本的生活秩序。如今，世界各国家和地区均基于自身社会公共利益或国家利益的需要在公物上创设相应的优先权，并将其通常规定在诉讼法、税收法和各类行政法规等中，主要有各种税收优先权、船舶优先权、民用航空器优先权等。我国更应如此，更为迫切。因为我国是社会主义国家，它客观上要求我国优先权制度在尊重个人权利的基础上更重谋求整个社会整体民众的共同进步与幸福。

其三，优先权制度是一个国家或地区人口因素所决定的。马克思认为，人口是社会存在和发展的必要条件，对社会的发展起着促进或延缓的作用。[②] 换句话说，任何一个国家或地区要促进社会经济的发展，必须有效解决人口增长与社会资源的有限性之间的矛盾和冲突问题。对此，西方主流观点认为控制人口增长以解决资源危机此乃根本也，但事实并非如此。因为，一个国家或地区有效地控制了人口增长，但未必就解决了资源危机和促进了社会经济发展。若导致人口和资源危机的实践是在一种不合理的社会关系中进行的实践。这种不合理的社会关系，主要是建立在利益分化和利益对抗基础上的社会关系。它会导致人的疯狂的物欲、对科学技术的不合理应用、对自然资源的疯狂掠夺和缺乏对人口的合理调节。因此，应对不合

① ［古希腊］亚里士多德：《政治学》，商务印书馆 1983 年版，第 48 页。
② 姜锡润、杨根龙：《人口与资源危机问题的若干视角——马尔萨斯、马克思、中国传统智慧的视角》，载《经济问题》2013 年第 4 期。

理的社会关系进行改革，并建立合理的社会关系和社会制度。[1] 而这种合理的社会关系和社会制度又是什么样的呢？其目的是什么呢？可以说，可持续发展经济学给了我们一个很好的答案。它认为，健康的经济发展应建立在生态可持续能力、社会公正和人民积极参与自身发展决策的基础上。它所追求的目标是既要使人类的各种需要得到满足、个人得到充分发展，又要保护资源和生态环境、不对后代人的生存和发展构成威胁。[2] 自诞生以来就以保护弱者、维护基本人权为价值功能的优先权制度无疑是建立这种合理的社会关系和社会制度中的重要组成部分，而此价值功能也在很大程度上是通过工资优先权、丧葬费优先权、医疗费优先权等具体优先权的创设来实现的。我国既是一个人口大国又是一个资源匮乏的国家。保障人民的基本人权进而实现对人民的终极关怀无疑是我国优先权制度的题中应有之义，是我国民法以人为终极关怀价值的本质要求，是我国市场经济发展的终极目标。

以上构想的具体方案当然有待于深入研究，但在方向和原则上可以明确以下几条：一是中国民法制度应抛弃传统民法中的所有权至高无上的观念，改变民法制度以所有权为中心的大陆法系传统，确立所有权、占有与用益物权、优先权三个基本点，分别建立财产归属法律制度、财产利用法律制度及其权利冲突法律制度。二是中国民法制度应抛弃优先权是担保物权或债权的大陆法系传统，重新定位优先权的性质，确立优先权为独立的顺序权的合法地位。三是中国民法制度应考究优先权的本质属性，将其定位为是人类社会生活经验法则的反映，是人类生活方式在法律上的具体体

① 姜锡润、杨根龙：《人口与资源危机问题的若干视角——马尔萨斯、马克思、中国传统智慧的视角》，载《经济问题》2013 年第 4 期。

② 杨云彦：《试论人口、资源与环境经济理论的演进与融合》，载《生态经济》1999 年第 6 期。

现，是人类社会资源有限的产物，并致力于权利冲突问题的彻底解决，进而建构完备的权利冲突规则体系。四是中国民法制度应改变优先权制度散乱的局面。构建由实体法上的优先权和程序法上的优先权构成的统一优先权制度，并独立成篇，以全面调整和衡平权利人之间的权利冲突问题，使优先权成为解决各种权利人之间权利冲突的独立民事权利，使其适用于实体法和程序法。

第二节　我国优先权草案建议稿

我国优先权草案建议稿

一、一般规定

第一条（优先权的概念）

优先权是指权利人按照法律规定的顺序对债务人财产享有的优先受偿权。

第二条（优先权的依据）

优先权是法律鉴于债权原因而赋予。但是，法律规定的优先权的设立，可以基于当事人的合意，也可以基于公示的特别形式。

第三条（优先权的标的）

优先权的标的以债务人所有的物和财产权利为限。除有对抗第三人效力的优先权外，优先权的标的被转让第三人后，不得对之行使优先权。

第四条（优先权的担保范围）

优先权担保的范围包括主债权、利息、违约金、损害赔偿金及因保全和实现优先权所支出的费用。

第五条（债权人的多数性和优先权的种类）

多个债权人对债务人的财产，享有同等的受偿权，但是下列优先权的种类的除外：

（一）破产费用与共益债务优先权；

（二）劳动债权优先权；

（三）知识产权优先权；

（四）医疗费用优先权、丧葬费用优先权、日用品供给费用优先权；

（五）个人储蓄存款本金与利息优先权；

（六）保险赔偿金优先权；

（七）商品房房款优先权；

（八）租金优先权；

（九）建设工程价款优先权；

（十）优先购买权；

（十一）代位权人优先权；

（十二）探矿权人优先权；

（十三）定金；

（十四）抵押、动产质押、留置、船舶抵押权、民用航空器抵押权、船舶优先权、民用航空器优先权；

（十五）保全财产优先权；

（十六）税收优先权。

第六条（优先权的效力）

优先权不能适用于有损第三人权利的动产标的物，但法律有例外规定的除外。法律没有不同规定的，只有存在特殊情况而根据该情况决定以动产为标的的优先权时，可以在损害于优先权发生后第三人取得的权利的情况下行使该优先权。

第七条（优先权的消灭）

有下列情形之一的，优先权消灭：

（一）优先权担保的债权已受清偿；

（二）优先权担保的债权的诉讼时效期间届满；

（三）优先权人以书面形式抛弃优先权；

（四）优先权人转让优先权；

（五）优先权的标的灭失又无代位物。

二、优先权的种类

第八条（破产费用与共益债务优先权）

破产费用与共益债务优先权，是指支出共益费用的债权人所享有的就其支出从债务人的一般财产中优先受偿的权利。

前款规定的破产费用与共益债务包括破产财产的管理、变卖和分配所需要的费用，聘任工作人员的费用；破产案件的诉讼费用；为债权人的共同利益而在破产程序中支付的其他费用。

破产财产不足以支付破产费用与共益债务的，人民法院应当宣告破产程序终结。

第九条（劳动债权优先权）

劳动债权优先权，是指劳动者就其工资或其他应得财产利益而对其所在企业或雇主的一般财产所享有的优先权。

前款规定的劳动债权是指劳动者最近6个月的工资，包括基本报酬、奖金、补贴、津贴及其他福利待遇和退休金。

第十条（知识产权优先权）

知识产权优先权，是指以债务人的特定知识产权为标的的优先权，包括技术合同优先权、著作权优先权、商标权与商标使用权优先权、职务发明人与职务作品作者优先权。

第十一条（技术合同优先权）

技术合同优先权，是指研究开发人或让与人因履行技术开发合同或技术转让合同而产生的对委托人或受让人的债权，就委托人或受让人因合同取得的知识产权享有优先权。

第十二条（著作权优先权）

著作权优先权，是指著作权人对因使用其作品而产生的债权，就债务人因使用作品而获得的著作财产权及相关的财产权利享有优先权。

第十三条（商标权和商标使用权优先权）

商标权和商标使用权优先权，是指因履行商标转让合同或商标使用许可合同而发生的转让人或许可人对受让人或被许可人的债权，就受让人或被许可人依合同取得的商标权或商标使用权享有优先权。

第十四条（职务发明人和职务作品作者优先权）

职务发明人和职务作品作者优先权，是指职务发明人和职务作品的作者依法应得到的奖励或报酬，就其作出的智力成果享有优先权。

知识产权债权的效力及于债务人利用相关知识产权生产的新产品。

优先权人应先依法对前款规定的产品行使优先权，不足清偿的可依法行使对相关知识产权的优先权。

第十五条（医疗费用优先权）

医疗费用优先权，是指为债务人及其家属提供医疗服务的债权人对债务人一般财产的优先权。

前款规定的医疗费用是指债务人及受其扶养的人在最近6个月发生内发生的医疗费用，包括诊断治疗费、药费及护理费。

第十六条（丧葬费用优先权）

丧葬费用优先权，是指当债务人死亡或与债务人有一定亲属关系的人死亡时，因此而支出丧葬费用的债权人对债务人的一般财产或其遗产享有的优先权。

前款规定的丧葬费用为根据习惯并在体面的限度内所发生的、与尸体的搬移和埋葬以及宗教仪式有关的费用。

第十七条（日用品供给费用优先权）

日用品供给费用优先权，是指为债务人及其家属提供生活必需品的债权人对债务人一般财产的优先权。

前款规定的日用品供给费用是指债务人及其受其扶养的人在最近6个月内发生的日用品供给费用，包括食物、衣服、住宿及柴、煤、油所产生的费用。

第十八条（个人储蓄存款本金与利息优先权）

个人储蓄存款本金与利息优先权，是指存款人对存款本金和利息优先于税收和普通债权受偿。

第十九条（保险赔偿金优先权）

保险赔偿金优先权，是指因事故发生而对加害人享有侵权之债的受害人，就加害人因该事故取得的责任保险金所享有的优先权。

保险赔偿金优先权所担保的债权包括受害人因保险事故而享有的损害赔偿金债权及其利息，其效力及于保险人因保险事故的发生而应当支付给加害人的所有保障赔偿金。

第二十条（商品房房款优先权）

商品房房款优先权，是指不动产的出卖人或不动产使用权的出让人对未付的价款或出让金的债权就该不动产或不动产使用权所享有优先权。

商品房房款优先权所担保的债权包括因商品房买卖合同而发生的未付价款及利息，其效力及于商品房买卖合同的标的物及与主物一同转移的从物。

第二十一条（租金优先权）

租金优先权，是指因不动产租赁或其他相关租赁关系而发生的承租人的债务，出租人对承租人置于该不动产上的动产所享有的优先权。

第二十二条（建设工程价款优先权）

建设工程价款优先权，是指承包人对建设工程的折价或拍卖的价款优先受偿。

发包人未按照约定支付价款的，承包人可以催告发包人在合理期限内支付价款。发包人逾期不支付的，除按照建设工程的性质不宜折价、拍卖的以外，承包人可以与发包人协议将该工程折价，也可以申请人民法院将该工程依法拍卖。建设工程的价款就该工程折价或者拍卖的价款优先受偿。

建设工程价款优先权所担保的债权为建筑工人、工程师的工资，承揽人的承包费用与建筑材料费及其产生的利息，其效力及于作为建设工程项目的不动产。

第二十三条（优先购买权）

优先购买权，是指法律赋予特定对象的先于其他权利人主张自己财产权利的权利，包括股东优先购买权、承租人优先购买权、其他共有人优先购买权、委托人对发明的优先购买权、完成人对职务技术成果的优先购买权和合作人一方对合作发明的优先购买权。

第二十四条（股东优先购买权）

股东优先购买权，是指股东享有的同等条件下优先购买其他股东拟转让股权的权利。

有限责任公司的股东之间可以相互转让其全部或者部分股权。股东向股东以外的人转让股权，应当经其他股东过半数同意。股东应就其股权转让事项书面通知其他股东征求同意，其他股东自接到书面通知之日起满三十日未答复的，视为同意转让。其他股东半数以上不同意转让的，不同意的股东应当购买该转让的股权；不购买的，视为同意转让。

经股东同意转让的股权，在同等条件下，其他股东有优先购买权。两个以上股东主张行使优先购买权的，协商确定各自的购买比例；协商不成的，按照转让时各自的出资比例行使优先购买权。

公司章程对股权转让另有规定的，从其规定。

除公司章程另有规定外，股东资格可以继承。

人民法院依照法律规定的强制执行程序转让股东的股权时，应当通知公司及全体股东，其他股东在同等条件下有优先购买权。其他股东自人民法院通知之日起满二十日不行使优先购买权的，视为放弃优先购买权。

第二十五条（承租人优先购买权）

承租人优先购买权，是指承租人基于租赁合同，在出租人出卖租赁物时，在同等条件下可优于其他人购买的权利。

出租人出卖租赁房屋时，应当在出卖之前的合理期限内通知承租人，承租人享有以同等条件优先购买的权利。

（一）仅限于房屋租赁场合；

（二）出租人出卖出租房屋，应当在出卖之前的合理期限内通知承租人；

（三）出租人侵害承租人优先权的，承租人可主张赔偿损失；

（四）在转租的场合，次承租人与承租人都有优先购买权，二者发生冲突的，前者优先于后者。

出租人出卖租赁房屋未在合理期限内通知承租人或者存在其他侵害承

租人优先购买权情形，承租人请求出租人承担赔偿责任，人民法院要应予支持。但请求确认出租人和第三人签订的房屋买卖合同无效的，人民法院则不予支持。

具有下列情形之一，承租人主张优先购买房屋的，人民法院不予支持：

（一）房屋共有人行使优先购买权的；

（二）出租人将房屋出卖给近亲属，包括配偶、父母、子女、兄弟姐妹、祖父母、外祖父母、孙子女、外孙子女的；

（三）出租人履行通知义务后，承租人在十五日内未明确表示购买的；

（四）第三人善意购买租赁房屋并已经办理登记手续的。

第二十六条（其他共有人优先购买权）

其他共有人优先购买权，是指共有人在共有财产被转让时，就可以转让的不动产或动产份额，作为共有人享有同等条件下优先购买的权利。按份共有人可以转让其享有的共有的不动产或者动产份额。其他共有人在同等条件下享有优先购买的权利。

第二十七条（委托人对发明的优先购买权）

委托人对发明的优先购买权，是指委托合同完成的发明，专利申请权归研发人，研发人若转让专利申请权，委托人有优先购买权。

第二十八条（完成人对职务技术成果的优先购买权）

完成人对职务技术成果的优先购买权，是指职务技术成果的使用权、转让权归单位，单位转让职务技术成果时，完成人有优先购买权。

第二十九条（合作人一方对合作发明的优先购买权）

合作人一方对合作发明的优先购买权，是指合作技术开发合同完成的发明，专利申请权归合作人共有的，一方转让时，他方有优先购买权。

第三十条（代位权人优先权）

代位权人优先权，是指当债务人怠于行使其对第三人享有的权利，以致影响债权人债权的实现时，债权人为了保全自己的债权，可以自己的名义代位行使债务人对第三人的权利之权利。

因债务人怠于行使其到期债权，对债权人造成损害的，债权人可以向人民法院请求以自己的名义代位行使债务人的债权，但该债权专属于债务人自身的除外。代位权的行使范围以债权人的债权为限。债权人行使代位权的必要费用由债务人承担。

第三十一条（探矿权人优先权）

探矿权人优先权，是指探矿权人在同等条件下有优先获得自己所在勘查作业区内的采矿权。

第三十二条（定金）

定金，是指当事人约定一方向对方给付定金作为债权的担保。债务人履行债务后，定金应当抵作价款或者收回。给付定金的一方不履行约定的债务的，无权要求返还定金；收受定金的一方不履行约定的债务的，应当双倍返还定金。

第三十三条（抵押）

抵押，是指债务人或者第三人不转移对财产的占有，将该财产作为债权的担保。债务人不履行债务时，债权人有权依照本法规定以该财产折价或者以拍卖、变卖该财产的价款优先受偿。

前款规定的债务人或者第三人为抵押人，债权人为抵押权人，提供担保的财产为抵押物。

第三十四条（动产质押）

动产质押，是指债务人或者第三人将其动产移交债权人占有，将该动产作为债权的担保。债务人不履行债务时，债权人有权依照本法规定以该动产折价或者以拍卖、变卖该动产的价款优先受偿。

前款规定的债务人或者第三人为出质人，债权人为质权人，移交的动产为质物。

下列权利可以质押：

（一）汇票、支票、本票、债券、存款单、仓单、提单；

（二）依法可以转让的股份、股票；

（三）依法可以转让的商标专用权，专利权、著作权中的财产权；

（四）依法可以质押的其他权利。

第三十五条（留置）

留置，是指债权人按照合同约定占有债务人的动产，债务人不按照合同约定的期限履行债务的，债权人有权依照本法规定留置该财产，以该财产折价或者以拍卖、变卖该财产的价款优先受偿。

第三十六条（船舶抵押权）

船舶抵押权，是指抵押权人对于抵押人提供的作为债务担保的船舶，在抵押人不履行债务时，可以依法拍卖，从卖得的价款中优先受偿的权利。

船舶所有人或者船舶所有人授权的人可以设定船舶抵押权。船舶抵押权的设定，应当签订书面合同。

设定船舶抵押权，由抵押权人和抵押人共同向船舶登记机关办理抵押权登记；未经登记的，不得对抗第三人。船舶抵押权登记，包括下列主要项目：

船舶抵押权人和抵押人的姓名或者名称、地址；

被抵押船舶的名称、国籍、船舶所有权证书的颁发机关和证书号码；

所担保的债权数额、利息率、受偿期限。

船舶抵押权的登记状况，允许公众查询。

建造中的船舶可以设定船舶抵押权。建造中的船舶办理抵押权登记，还应当向船舶登记机关提交船舶建造合同。

除合同另有约定外，抵押人应当对被抵押船舶进行保险；未保险的，抵押权人有权对该船舶进行保险，保险费由抵押人负担。

船舶共有人就共有船舶设定抵押权，应当取得持有三分之二以上份额的共有人的同意，共有人之间另有约定的除外。船舶共有人设定的抵押权，不因船舶的共有权的分割而受影响。

船舶抵押权设定后，未经抵押权人同意，抵押人不得将被抵押船舶转让给他人。

抵押权人将被抵押船舶所担保的债权全部或者部分转让他人的，抵押权随之转移。

被抵押船舶灭失，抵押权随之消灭。由于船舶灭失得到的保险赔偿，抵押权人有权优先于其他债权人受偿。

第三十七条（民用航空器抵押权）

民用航空器抵押权，是指债权人对于债务人或第三人不转移占有而提供担保的民用航空器，在债务人不履行债务时，依法享有就担保的民用航空器享有变价并优先受偿的权利。

设定民用航空器抵押权，由抵押权人和抵押人共同向国务院民用航空主管部门办理抵押权登记；未经登记的，不得对抗第三人。

民用航空器抵押权设定后，未经抵押权人同意，抵押人不得将被抵押民用航空器转让他人。

第三十八条（船舶优先权）

船舶优先权，是指海事请求人向船舶所有人、光船承租人、船舶经营人提出海事请求，对产生该海事请求的船舶具有优先受偿的权利。

下列各项海事请求具有船舶优先权：

（一）船长、船员和在船上工作的其他在编人员根据劳动法律、行政法规或者劳动合同所产生的工资、其他劳动报酬、船员遣返费用和社会保险费用的给付请求；

（二）在船舶营运中发生的人身伤亡的赔偿请求；

（三）船舶吨税、引航费、港务费和其他港口规费的缴付请求；

（四）海难救助的救助款项的给付请求；

（五）船舶在营运中因侵权行为产生的财产赔偿请求。

载运2000吨以上的散装货油的船舶，持有有效的证书，证明已经进行油污损害民事责任保险或者具有相应的财务保证的，对其造成的油污损害的赔偿请求，不属于前款第（五）项规定的范围。

因行使船舶优先权产生的诉讼费用，保存、拍卖船舶和分配船舶价款产生的费用，以及为海事请求人的共同利益而支付的其他费用，应当从船舶拍卖所得价款中先行拨付。

前款所称船舶留置权，是指造船人、修船人在合同另一方未履行合同时，可以留置所占有的船舶，以保证造船费用或者修船费用得以偿还的权利。船舶留置权在造船人、修船人不再占有所造或者所修的船舶时消灭。

船舶优先权不因船舶所有权的转让而消灭。但是，船舶转让时，船舶优先权自法院应受让人申请予以公告之日起满六十日不行使的除外。

海事请求权转移的，其船舶优先权随之转移。

船舶优先权应当通过法院扣押产生优先权的船舶行使。

船舶优先权，因下列原因之一而消灭：

（一）具有船舶优先权的海事请求，自优先权产生之日起满一年不行使；

（二）船舶经法院强制出售；

（三）船舶灭失。

前款第（一）项的一年期限，不得中止或者中断。

第三十九条（民用航空器优先权）

民用航空器优先权，是指债权人向民用航空器所有人，承租人提出赔偿请求，对产生该赔偿请求的民用航空器具有优先受偿的权利。

下列各项债权具有民用航空器优先权：

（一）援救该民用航空器的报酬；

（二）保管维护该民用航空器的必需费用。

民用航空器优先权，其债权人应当自援救或者保管维护工作终了之日起三个月内，就其债权向国务院民用航空主管部门登记。

为了债权人的共同利益，在执行人民法院判决以及拍卖过程中产生的费用，应当从民用航空器拍卖所得价款中先行拨付。

债权转移的，其民用航空器优先权随之转移。

民用航空器优先权应当通过人民法院扣押产生优先权的民用航空器行使。

民用航空器优先权自援救或者保管维护工作终了之日起满三个月时终止；但是，债权人就其债权已经登记，并具有下列情形之一的除外：

（一）债权人、债务人已经就此项债权的金额达成协议；

（二）有关此项债权的诉讼已经开始。

民用航空器优先权不因民用航空器所有权的转让而消灭；但是，民用航空器经依法强制拍卖的除外。

第四十条（保全财产优先权）

保全财产优先权，是指根据民事诉讼当事人处分原则，申请财产保全的申请人对依法申请保全的具体财产享有优先权。

第四十一条（税收优先权）

税收优先权，是指当税款与其他债权并存时，税款有优先受偿权。

三、优先权的排序

第四十二条（优先权排序的依据）

按照债权重要性、债权设立时间顺序和登记时间顺序统一排序我国优先权种类。我国优先权种类按照债权重要性确立为九个等级的债权，前八个等级的债权享有优先权。

第四十三条（第一等级优先权）

破产费用与共益债务优先权，为第一等级优先权。

破产费用与共益债务优先权由债务人的一切财产承担责任；在不足以全部清偿时，不问此等债权的产生日期，依列举的顺序定彼此的优先顺序，而每一顺序中的债权按比例同时受偿。

破产费用与共益债务优先权在任何情形都不得发生转移，以对抗第三占有人。

第四十四条（第二等级优先权）

下列优先权，为第二等级优先权：

（一）劳动债权优先权；

（二）知识产权优先权。

第（一）款中的劳动债权优先权由清偿第一等级优先权之后的债务人的一切财产承担责任；在不足以全部清偿时，不问此等债权的产生日期，依列举的顺序定彼此的优先顺序，而每一顺序中的债权按比例同时受偿。劳动债权优先权在任何情形都不得发生转移，以对抗第三占有人。

第（二）款中的知识产权优先权的效力及于债务人利用相关知识产权生产的新产品。

优先权人应先依法对前款规定的产品行使优先权，不足清偿的可依法行使对相关知识产权的优先权。

第四十五条（第三等级优先权）

下列优先权，为第三等级优先权：

（一）医疗费用优先权；

（二）丧葬费用优先权；

（三）日用品供给费用优先权。

前款中列举的优先权由清偿第一等级优先权和第二等级优先权之后的债务人的剩余财产承担责任；在不足以全部清偿时，不问此等债权的产生日期，依列举的顺序定彼此的优先顺序，而每一顺序中的债权按比例同时受偿。

第四十六条（第四等级优先权）

下列优先权，为第四等级优先权：

（一）个人储蓄存款本金与利息优先权；

（二）保险赔偿金优先权；

（三）商品房房款优先权；

（四）租金优先权；

（五）建设工程价款优先权。

第四十七条（第五等级优先权）

下列优先权，为第五等级优先权：

（一）优先购买权；

（二）探矿权人优先权；

（三）代位权人优先权。

第四十八条（第六等级优先权）

下列优先权，为第六等级优先权：

（一）定金、抵押、留置和动产质押；

（二）船舶抵押权、民用航空器抵押权、船舶优先权和民用航空器优先权。

第四十九条（第七等级优先权）

保全财产优先权，为第七等级优先权。

第五十条（第八等级优先权）

税收优先权，为第八等级优先权。

第五十一条（第九等级优先权）

普通债权，是第九等级优先权，是不享有优先地位的债权。不问其产生日期，第九等级的债权依前述清偿后剩余的债务人财产依比例受偿。

第五十二条（九个等级优先权的效力）

九个等级的债权的优先受偿效力逐级递减，第一等级优先权优先于第二等级优先权受偿，第二等级优先权优先于第三等级优先权受偿，依此类推。但在第一至第八等级优先权中，每一等级优先权中的同种类的优先权之间的顺序和不同种类的优先权之间的顺序都是基于债权重要性相同依据同一顺序予以确定。若债务人的财产不足以全部清偿的，通常按照债权比例清偿，但是，下列优先权之间的顺序按照债权设立时间顺序（倒序）和登记时间顺序确立先后清偿。

第五十三条（抵押、质押及留置之间的顺序）

（一）登记的抵押之间竟合时，依登记时间顺序确定顺序；未登记的抵押之间竟合时，依设立时间顺序确定顺序；登记的抵押与未登记的抵押之间竟合时，依登记时间顺序确定顺序。

（二）动产质押之间竟合时，依设立时间顺序确定顺序，但例外的是，当后设立的动产质押属于善意取得时，先于先设立的动产质押；已登记的权利质押之间竟合时，依登记时间顺序确定顺序。

（三）留置之间竟合时，依设立时间顺序确定顺序。

（四）抵押与质押之间竟合时，通常依设立时间顺序确定顺序。但例外的是，未登记的先设立的抵押后于后设立的质押；已登记的抵押先于未登记的质押；先设立的质押先于后设立的抵押。

第五十四条（船舶抵押权之间的顺序）

同一船舶可以设定两个以上抵押权，其顺序以登记时间顺序为准。同一船舶设定两个以上抵押权的，抵押权人按照抵押权登记时间顺序，从船舶拍卖所得价款中依次受偿。

第五十五条（优先购买权之间的顺序）

登记在先的优先购买权先于登记在后的优先购买权受偿。

第五十六条（船舶优先权之间的顺序）

给某些后发生的海事请求如救助报酬、船舶共同海损分担额、为船舶继续航行之必要报酬，以优先受偿的权利；后次航行之海事请求先于前次航行之海事请求。但下列两种情形除外：

（一）依据法律规定的固定顺序，下列债权之间的顺序依次是：船长、船员及其他在船上服务之人员因雇佣契约而产生之债权；船舶运营中发生的人身伤亡的赔偿请求；船舶吨税、引航费、港务费和其他港口规费的缴付请求；海难救助的救助款项的给付请求；船舶在运营中因侵权行为产生的财产赔偿请求等船舶优先权。

（二）国际公约规定之优先权先于各国立法规定之优先权。

第五十七条（民用航空器优先权之间的顺序）

援救报酬和保管维护费，后发生的先受偿。为了债权人的共同利益，在执行人民法院判决以及拍卖过程中产生的费用，应当从民用航空器拍卖所得价款中先行拨付。

第五十八条（民用航空器抵押权之间的顺序）

民用航空器抵押权之间竟合时，依登记时间顺序确定先后的清偿。

四、优先权的救济

第一分节　优先权的救济方法

第五十九条（代位之诉）

为使自己的债权可以实现或获得救济，债权人可以行使其债务人对第三人享有的权利和诉权，但是以这些权利和诉权仅涉及财产内容且不属于依权利性质或法律规定只能由权利人行使的为限。在提起诉讼时，债权人还应当要求将其欲代位的债权人传唤到庭。

第六十条（撤销之诉）

附条件的或附期限的债权，在符合下列条件时，债权人可以请求撤销债务人有损自己利益的财产处分行为的效力：

（一）债务人知道该行为会损害债权人利益、或债务人欺诈性地作出预先安排并以损害债权人实现债权为目的、发生于债权之前的行为；

（二）在有偿行为中，于债权发生前第三人知道损害的存在并参与了预先安排的欺诈行为。

包括为他人债务在内提供担保的行为，当与担保债权同时发生时，根据本法，视为有偿行为。

到期债务的履行，不属于撤销标的。行为效力被撤销，不得损害善意受让第三人有偿取得的权利，但申请撤销的登记效力不在此限。

在行为效力被撤销后，债权人可以就诉讼所涉财产对受让第三人提起执行之诉。

在没有实现债权人利益的情况下，对债务人享有的债权取决于要求撤销之诉的实现的缔约第三人，不得对被宣告无效的行为涉及的财产收益提出主张。

要求撤销之诉的时效期间为自行为时起五年。

第六十一条（财产的扣押）

优先权人可以请求对债务人的财产进行扣押。在提起宣告财产转让无效之诉时，也可以对从债务人处受让财产的第三人主张财产扣押。

按照有关扣押财产的规定，不利于扣押财产的优先权人的转让行为已经其他扣押财产为标的的行为，没有效力。

债务人的给付有损于依法律规定的情形并按照法定程序提出异议的优先权人利益的，该给付同样没有效力。

第二分节　优先权的司法救济

第六十二条（一般规定）

司法机关依当事人的申请对优先权给予司法救济，当法律有规定时，司法机关也可根据检察官的要求或依职权对权利给予司法救济。在法律规定的请求下，司法机关可以设立、变更或消灭法律关系并在当事人、其继承人、享有相关财产请求权或其他权利的人之间产生效力。在已经生效判决中所作的事实认定，对各方当事人、其继承人、享有相关财产请求权或其他权利人，有完全的约束力。

第六十三条（强制转移）

为了取得应或财产的金额，债权人可以请求强制转移债务人的财产。

第三人依其财产为债权提供担保的，或者第三人取得的财产是因造成债权人损害而被撤销的行为标的物的，债权人也可以请求转移第三人的财产。

尚未对设定质权的财产进行执行的，对债务人的财产有质权的债权人不得再对同一个债务人的其他财产设定质权。当债权人享有抵押权时，如果尚未对设定抵押权的不动产进行执行，则同样与不得对同一债务人的其他不动产设定质权。

第六十四条（扣押的效力）

扣押的效力涉及扣押的从物、附属物和孳息。

第六十五条（强制变卖和折价的效力）

强制变卖将属于受到强制转移的人的财产权利转让给买受人，但善意占有的效力除外。但是，第三人获得的财产权利因给扣押财产的债权人和参与扣押实施的债权人的利益造成损害而无效的，不得对买受人就第三人取得的物的权利提起抗辩。

有关强制变卖的规范也适用于强制折价。

第六十六条（通过交付或给付的强制执行）

交付特定物、动产或不动产的义务未履行的，权利人可以获得强制交付或给付的财产。

第六十七条（作为义务的强制执行）

作为义务未被履行的，权利人可以获得由义务人负担费用的履行。

第六十八条（缔结契约义务的强制执行）

有缔结契约义务的人未履行义务的，在有可能且不违反约定的情况下，另一方当事人可以获得使未缔结的契约产生效力的判决。

涉及以特定物所有权的转让或其他权利的设定或转让为标的的契约，在提议的一方当事人未履行其给付义务或未以法定的形式给付时，其诉讼请求不得被接受，除非给付尚未届满履行期。

第六十九条（不作为义务的强制执行）

不作为义务未被履行的，权利人可以取消其违反义务所进行的活动，支出的费用由义务人负担。

结 论

优先权独立成编不仅是民法典体例问题，更是一个关涉我国民法典能否彻底、全面解决我国债权冲突的根本问题。我国担保物权是依据债权设立时间顺序和登记时间顺序来解决债权冲突问题，时间顺序虽然是一种客观分配正义，但未能体现债权之间自身的价值和重要性。债权冲突是社会资源稀缺的必然结果，本质上是利益冲突，其不仅涉及时间，还事关基本人权、公序良俗、伦理价值、弱者保护、公平正义等。我国担保物权未能有效解决债权冲突问题，没有能够很好地解决贫富差距、弱势群体出现、社会不公等经济社会问题。其实，担保物权是现代优先权的一种，现代优先权不是罗马、法国、德国优先权，而是意大利优先权，是指权利人按照法律规定的顺序对债务人财产享有的优先受偿权，其本质上也不是债权、物权、债权物权化、权利保护方法，而是顺序权，是一种独立于物权和债权的民事权利，是一种独立解决债权冲突的民事权利。我国民法典因而不应将优先权归入物权编和债权编，而应实现优先权独立成编，进而将我国现有优先权种类和新增优先权种类按照债权重要性顺序、债权设立时间顺序和债权登记时间顺序统一排序以彻底解决我国的债权冲突。这无疑是我国民法典的应有选择。

参考文献

一、中文著作

1. [德] 曼弗雷德·沃尔夫:《物权法》,吴越、李大雪译,法律出版社 2002 年版。

2. [德] 亚图·考夫曼:《类推与"事物本质"》,吴从周译,台湾地区学林文化事业有限公司 1999 年版。

3. [美] ALI(美国法学会)、NCCUSL(美国统一州法委员会):《美国统一商法典及其正式评述》,高圣平译,中国人民大学出版社 2006 年版。

4. [美] 伯纳德·施瓦茨:《美国法律史》,王军等译,中国政法大学出版社 1990 年版。

5. [美] E·博登海默:《法理学—法哲学及其方法》,中国政法大学出版社 1999 年版。

6. [美] 戴维·达德利·菲尔德:《纽约州民法典草案》,田甜译,中国大百科全书出版社 2007 年版。

7. [美] 小奥利弗·温德尔·霍姆斯:《普通法》,冉昊、姚中秋译,中国政法大学出版社 2006 年版。

8. [日] 北川善太郎:《日本民法体系》,李毅多、仇京春译,科学出版社 1995 年版。

9. [日] 大木雅夫:《比较法》,范愉译,法律出版社 2006 年版。

10. [日] 近江幸治:《担保物权法》,祝娅等译,法律出版社 2000 年版。
11. [日] 田山辉明:《物权担保物权法》,三省堂 2006 年版。
12. [日] 我妻荣:《新订担保物权法》,申政武、封涛等译,中国法制出版社 2008 年版。
13. [意] 彼德罗·彭梵得:《罗马法教科书》,黄风译,中国政法大学出版社 1992 年版。
14. [英] 巴里·尼古拉斯:《罗马法概论》,黄风译,法律出版社 2004 年版。
15. [英] 霍布斯:《论公民》,应星等译,贵州人民出版社 2003 年版。
16. 蔡福华:《民事优先权研究》,人民法院出版社 2000 年版。
17. 曹艳芝:《优先权论》,湖南人民出版社 2005 年版。
18. 陈本寒:《担保法通论》,武汉大学出版社 1998 年版。
19. 陈本寒:《担保物权法比较研究》,武汉大学出版社 2003 年版。
20. 陈祥健:《担保物权研究》,中国检察出版社 2004 年版。
21. 戴永盛译:《瑞士民法典》,中国政法大学出版社 2016 年版。
22. 费安玲、丁玫译:《意大利民法典》,中国政法大学出版社 1997 年版。
23. 高圣平:《担保法论》,法律出版社 2009 年版。
24. 郭明瑞、仲相、司艳丽:《优先权制度研究》,北京大学出版社 2004 年版。
25. 何勤华:《德国法律发达史》,法律出版社 2000 年版。
26. 何勤华:《西方法学史》,中国政法大学出版社 1996 年版。
27. 何志鹏:《权利基本反思与建构》,北京大学出版社 2012 年版。
28. 黄风:《罗马私法导论》,中国政法大学出版社 2003 年版。

29. 贾后明:《马克思分配思想及其当代价值》,江苏人民出版社 2016 年版。
30. 金世鼎:《民法上优先受偿权之研究民法物权论文选集(下)》,台湾地区五南图书出版公司 1985 年版。
31. 李飞译:《马耳他民法典》,厦门大学出版社 2012 年版。
32. 李永军:《破产法律制度:清算与再建》,中国法制出版社 2000 年版。
33. 李岩:《民事法益基本范畴研究》,法律出版社 2016 年版。
34. 李中原:《欧陆民法传统的历史解读——以罗马法与自然法的演进为主线》,法律出版社 2009 年版。
35. 梁慧星、陈华彬:《物权法》,法律出版社 1997 年版。
36. 梁慧星:《民商法论丛(第 7 卷)》,法律出版社 1997 年版。
37. 梁慧星:《中国物权法草案建议稿——条文、说明、理由与参考立法例》,社会科学文献出版社 2002 年版。
38. 孟勤国:《物权二元结构论——中国物权制度的理论重构》,人民法院出版社 2002 年版。
39. 刘保玉、吕文江:《债权担保制度研究》,中国民主法制出版社 2000 年版。
40. 刘得宽:《民法总则》,中国政法大学出版社 2005 年版。
41. 娄爱华译:《路易斯安那民法典》,厦门大学出版社 2010 年版。
42. 罗结珍译:《法国民法典》,北京大学出版社 2010 年版。
43. 罗结珍译:《法国新民事诉讼法典》,法律出版社 2008 年版。
44. 马新彦:《美国财产法与判例研究》,法律出版社 2001 年版。
45. 孟勤国、黄莹:《中国物权法的理论探索》,武汉大学出版社 2004 年版。
46. 彭梵得:《罗马法教科书》,中国政法大学出版社 2005 年版。

47. 冉春桃、蓝寿荣:《土家族习惯法研究》，民族出版社 2003 年版。
48. 沈明达:《法国 / 德国担保法》，中国法制出版社 2000 年版。
49. 史尚宽:《物权法论》，中国政法大学出版社 2000 年版。
50. 宋雷主编:《英汉法律用语大辞典》，法律出版社 2004 年版。
51. 宋宗宇:《优先权制度研究》，法律出版社 2007 年版。
52. 苏号朋:《美国制度、判例与问题》，中国法制出版社 2001 年版。
53. 孙东雅:《民事优先权研究》，中国政法大学出版社 2003 年版。
54. 孙建江、郭站红、朱亚芬译:《魁北克民法典》，中国人民大学出版社 2005 年版。
55. 佟柔:《民法原理》，法律出版社 1982 年版。
56. 王闯:《让与担保法律制度研究》，法律出版社 2000 年版。
57. 王利明:《物权法论》，中国政法大学出版社 2003 年版。
58. 王利明:《中国民法典学者建议稿及其立法理由》，法律出版社 2005 年版。
59. 王利明:《中国物权法草案建议稿及说明》，中国法制出版社 2001 年版。
60. 王伟光:《利益论》，中国社会科学出版社 2010 年版。
61. 王泽鉴:《民法学说与判例研究（一）》，中国政法大学出版社 2003 年版。
62. 王泽鉴:《民法总则》，中国政法大学出版社 2000 年版。
63. 魏焕华编著:《英汉·汉英精选现代法商词典》，浙江大学出版社 2004 年版。
64. 温世扬、廖焕国:《物权法通论》，人民法院出版社 2005 年版。
65. 吴汉东:《私法研究》，中国政法大学出版社 2003 年版。
66. 吴汉东:《知识产权法》，法律出版社 2014 年版。

67. 谢晖:《沟通理性与法治》,厦门大学出版社 2011 年版。
68. 谢振民:《中国“民国”立法史》,中国政法大学出版社 2000 年版。
69. 徐涤宇译:《智利共和国民法典》,金桥文化出版(香港)有限公司,2002 年版。
70. 徐国栋:《罗马私法要论——文本与分析》,科学出版社 2007 年版。
71. 徐海燕、李莉:《物权担保前沿理论与实务探讨》,中国法制出版社 2012 年版。
72. 许明月:《抵押权制度研究》,法律出版社 1998 年版。
73. 薛波主编:《元照英美法词典》,法律出版社 2003 年版。
74. [古希腊]亚里士多德:《政治学》,商务印书馆 1983 年版。
75. 杨春福:《权利法哲学研究导论》,法律出版社 2000 年版。
76. 尹田:《法国物权法》,法律出版社 1998 年版。
77. 张杰:《公共用公物权研究》,法律出版社 2012 年版。
78. 张文显:《法哲学范畴研究》,中国政法大学出版社 2001 年版。
79. 张玉堂:《利益论——关于利益冲突与协调问题的研究》,武汉大学出版社 2001 年版。
80. 张左糸:《古罗马的奴隶制度》,商务印书馆 1979 年版。
81. 周林彬:《物权法新论——一种法律经济分析的观点》,北京大学出版社 2002 年版。
82. 周枏:《罗马法原论》,商务印书馆,1994 年版。
83. 卓泽渊:《法的价值论》,法律出版社 1999 年版。

二、中文期刊论文

1. 陈本寒:《优先权的立法定位》,载《中国法学》2005 年第 4 期。

2. 陈驰:《正当行政程序之价值基础》，载《现代法学》2005年第2期。
3. 陈东:《冲突与权衡：法律价值选择的方法论思考》，载《法制与社会发展》2003年第1期。
4. 陈桂清:《种属关系的概念不能并列》，载《中国翻译》1991年第2期。
5. 陈华彬:《论所有人抵押权——基于对德国法和瑞士法的分析》，载《现代法学》2014年第5期。
6. 陈全忠:《住范儿，年轻人的居住空间改造家》，载《就业与保障》2016年第5期。
7. 陈忠:《城市权利：全球视野与中国问题——基于城市哲学与城市批评史的研究视角》，载《中国社会科学》2014年第1期。
8. 戴谋富:《论优先权在我国民法典中的设计》，载《政法学刊》2007年第2期。
9. 戴新毅:《债权平等及其突破模式选择》，载《河北法学》2013年第6期。
10. 邓鹤:《抵押物转让之权衡与选择》，载《深圳大学学报》2007年第4期。
11. 丁南、贺丹青:《民商法交易安全论》，载《深圳大学学报》2003年第6期。
12. 房正宏:《马克思主义公平观的当代发展及启示》，载《理论探索》2009年第2期。
13. 冯桂、蒙晓阳、张海龙:《中国物权法理论研讨会会议综述》，载《法学评论》2004年第5期。
14. 冯果:《论公司股东与发起人的出资责任》，载《法学评论》1999年第3期。

15. 冯玉军:《权利相互性理论概说——法经济学的本体性阐释》，载《法学杂志》2010年第9期。
16. 高圣平:《大陆法系动产担保制度之法外演进对我国物权立法的启示》，载《政治与法律》2006年第5期。
17. 郭明瑞、仲相:《我国未来民法典中应当设立优先权制度》，载《中国法学》2004年第4期。
18. 郭明瑞:《论担保物权的历史发展趋势》，载《法学》1996年第2期。
19. 韩东:《以审判为中心刑事速裁机制的配比评估》，载《河南社会科学》2016年第3期。
20. 韩东屏:《论制度与社会发展》，载《华中师范大学学报》2016年第3期。
21. 胡才珍:《论19世纪末20世纪初德国在欧洲历史地位的巨变》，载《武汉大学学报》2001年第5期。
22. 江必新、王红霞:《法治社会建设论纲》，载《中国社会科学》2014年第1期。
23. 江平:《罗马法精神与当代中国立法》，载《中国法学》1995年第1期。
24. 姜涛:《人之图像与刑法实质解释》，载《政法论坛》2013年第3期。
25. 姜锡润、杨根龙:《人口与资源危机问题的若干视角——马尔萨斯、马克思、中国传统智慧的视角》，载《经济问题》2013年第4期。
26. 金可可:《私法体系中的债权物权区分说——萨维尼的理论贡献》，载《中国社会科学》2006年第2期。
27. 李克杰:《我国狭义法律类型化的困局与化解》，载《东方法学》

2016 年第 6 期。
28. 李仁玉、张海峡:《从顺位权试析民法之实体程序》，载《北京工商大学学报》2001 年第 5 期。
29. 李世刚:《关于法国担保制度的改革》，载《法律与政治》2007 年第 3 期。
30. 李锡鹤:《论民事优先权的概念》，载《法学》2004 年第 7 期。
31. 梁福兴、陆发焕:《壮族丧葬仪式结构及其文化象征意义解读（一）——以榕垌村壮族新丧首次葬仪式结构及其文化象征意义分析为例》，载《玉林师范学院学报》2009 年第 1 期。
32. 刘大洪、廖建求:《论市场规制法的价值》，载《中国法学》2004 年第 2 期。
33. 刘小光:《优先权制度的历史考证与分析》，载《法学论坛》2005 年第 5 期。
34. 刘勇:《论就业积极行动制度之公平性与我国制度构建》，载《政治与法律》2011 年第 2 期。
35. 罗慧明:《论民事优先权种类的立法选择》，载《华东交通大学学报》2006 年第 6 期。
36. 吕丹丹、刘晓莉:《我国食品安全政府协同治理的制度研究》，载《理论与改革》2016 年第 6 期。
37. 梅夏英、方春晖:《优先权制度的理论和立法问题》，载《法商研究》2004 年第 3 期。
38. 孟勤国、黄莹:《法学研究的对象和任务》，载《江汉论坛》2014 年第 4 期。
39. 孟勤国:《物权二元理论与传统物权理论的重大分歧》，载《山东警察学院学报》2005 年第 6 期。

40. 孟勤国:《占有概念的历史发展与中国占有制度》，载《中国社会科学》1993 年第 4 期。
41. 孟勤国:《中国物权法理论研讨会观点综述》，载《中国社会科学院研究生院学报》2004 年第 5 期。
42. 任广浩、叶立周:《论权利冲突——以利益冲突为线索的考察》，载《河北法学》2004 年第 8 期。
43. 申卫星:《我国优先权制度立法研究》，载《法学评论》1997 年第 6 期。
44. 申卫星:《信心与思路：我国设立优先权制度的立法建议》，载《清华大学学报》2005 年第 2 期。
45. 申卫星:《优先权性质初论》，载《法制与社会发展》1997 年第 4 期。
46. 宋剑华:《新文学对传统文化的批判与承续》，载《中国社会科学》2014 年第 11 期。
47. 孙新强:《破除债权平等原则的两种立法例之辨析——兼论优先权的性质》，载《现代法学》2009 年第 6 期。
48. 孙新强:《我国法律移植中的败笔——优先权》，载《中国法学》2011 年第 1 期。
49. 孙铮、李增泉、王景斌:《所有权性质、会计信息与债务契约——来自我国上市公司的经验证据》，载《管理世界》2006 年第 10 期。
50. 王立志、李静:《债权平等性：解构与解困》，载《甘肃政法学院学报》2010 年第 2 期。
51. 王利明:《民法的人文关怀》，载《中国社会科学》2011 年第 4 期。
52. 王明锁:《论物权法对和谐社会构建的价值意义——兼谈物权法之主要缺憾》，载《河南省政法管理干部学院学报》2009 年第 3 期。

53. 王全弟、丁洁:《物权法应确立优先权制度——围绕合同法第 286 条之争议》，载《法学》2001 年第 4 期。

54. 王卫国:《现代财产法的理论建构》，载《中国社会科学》2012 年第 1 期。

55. 卫兴华:《社会主义市场经济与法治》，载《经济研究》2015 年第 1 期。

56. 温世扬、丁文:《优先权制度与中国物权法》，载《法学评论》2004 年第 6 期。

57. 乌兰:《意思主义模式下不动产一物二卖的理论与实务——以意大利民法为观察样本》，载《西南政法大学学报》2014 年第 5 期。

58. 吴汉东:《论财产权体系——兼论民法典中的“财产权总则”》，载《中国法学》2005 年第 2 期。

59. 吴晶妹:《论政府守信监督机制》，载《求实》2004 年第 3 期。

60. 向玉乔:《论分配正义》，载《湖南师范大学社会科学学报》2013 年第 3 期。

61. 向玉乔:《社会制度实现分配正义的基本原则及价值维度》，载《中国社会科学》2013 年第 3 期。

62. 肖泽晟:《论公物在中国人权保障中的作用》，载《南京大学学报》2003 年第 3 期。

63. 徐梦秋:《公平的类别与公平中的比例》，载《中国社会科学》2001 年第 1 期。

64. 徐万鹏:《试论文艺复兴对现代意大利经济的影响》，载《商》2012 年第 14 期。

65. 许中缘、颜克云:《商法的独特性与民法典总则编纂》，载《中国社会科学》2016 年第 12 期。

66. 杨德齐:《民事优先权之概念及性质辩析》，载《西部法学评论》2009年第3期。
67. 杨立新:《共同共有不动产交易中的善意取得》，载《法学研究》1997年第4期。
68. 杨云彦:《试论人口、资源与环境经济理论的演进与融合》，载《生态经济》1999年第6期。
69. 易军:《法律行为制度的伦理基础》，载《中国社会科学》2004年第6期。
70. 詹云燕:《论优先权立法种类的选择——兼与王利明〈物权法草案建议稿〉商榷》，载《法与经济》2003年第6期。
71. 张成福、李丹婷:《公共利益与公共治理》，载《中国人民大学学报》2012年第2期。
72. 张梅:《德国民法典的制定背景和经过》，载《比较法研究》1997年第4期。
73. 张平华:《权利冲突辨》，载《法律科学》2006年第6期。
74. 张强:《浅析我国当前物权习惯调查模式》，载《甘肃政法学院学报》2008年第3期。
75. 郑奋明:《市场经济与道德转换》，载《广东社会科学》1995年第4期。
76. 钟淑健、李霞:《简析优先权的种类——兼及我国的立法选择》，载《政法论丛》2001年第4期。
77. 仲相、司艳丽:《知识产权法中物权理论的应用》，载《烟台大学学报》2002年第3期。
78. 周军:《论优先权的准确定位》，载《贵州社会科学》2008年第4期。

三、学位论文

1. 黄玉华:《葛兰西文化领导权理论及其对当代中国法治文化建设的启示》,广西民族大学 2016 年硕士学位论文。
2. 潘志华:《权利冲突的法理思考》,中共中央党校 2011 年博士学位论文。
3. 宋宗宇:《优先权制度研究》,西南政法大学 2006 年博士学位论文。
4. 郑天娇:《美国优先权制度研究——兼议对中国法的借鉴意义》,吉林大学 2009 年博士学位论文。

四、英文文献

1. Thomas W.Dunfee, Frank F.Gibson,John D.Blackbum, Douglas Whitman, F.William Mc Catry,Bartley A.Brennan, David Barrott Cohen, Modem Business Law, 3d.ed., Mc Graw-Hill,Inc., 1996, p. 870.
2. Black's Law Dictionary, West Publishing Co., 1990, p. 1038.
3. C.8, 17, 11, 1, cited from http://uwacadweb.uwyo edu/blume&justinian/Code 20 Revisions / Books rev20 copy/Books—17rev. Pdf.
4. Andrew Tetley, Reed Smith. Insolvency Law in France [EB/OL]. (2009-8-1)[2013-3-10] .
5. U.C.C. § 2A—101 (r) .
6. Bankruptcy Code § (1)(37) .
7. Black's Law Dictionary, West Publishing Co., 1990, p. 1038.
8. D.R.Thomas.Maritime Lien, Stevens&Sons Limited, London, 1980, p.12.

致谢

一路走来，想要感谢的人很多。我至今不忘小学的刘金华老师、刘文理老师、中学的刘长林、蒋才合老师、李伟老师、陈跃兵老师、袁学明老师，他们的厚爱使我始终有奋发向上的抱负、动力和基础。我怀感恩之心，向所有教诲、帮助过我的人表示感激之情！

感谢恩师冷传莉教授，将我带进法学的殿堂，并将其深厚的“民法内功”传授于弟子。弟子虽然愚钝，只吸收些许，亦让我受益终生。感谢恩师陈华彬教授，引领我走进神圣的法学博士领地，并对博士论文的写作给予精心的指导。感激恩师孟勤国教授，像我最深爱的爷爷一样疼爱、关心、指教我，指引我勇攀民商法的高峰，领略大师的风采和思想的神奇，感悟不以物喜不以己悲的人生境界。感激黄莹教授慈母般的爱护和指教。

感谢在博士后开题报告中给我提出许多中肯修改意见的张里安教授、余延满教授、张善斌教授、张素华教授。本文的很多修改甚至用语提炼凝结了他们的睿智和心血，但因个人基础单薄和其他原因，修改未及他们想要达到的目标。

感谢在本书写作过程中给予悉心启迪和帮助的师兄陈国军博士、李亚凝博士后、王楚云博士后、刘建博士、同门闫黎丽博士，师弟王海峰博士、师妹辛巧巧博士、武坚博士，他们帮我收集相关资料，从不吝惜时间与我交流论文写作中的各种问题，从写作思路、提纲到结构调整、文字修改，事无巨细，不厌其烦。还要感谢硕士师弟：代广义、陈金根、陈登宇、田木、李树桊、田野，硕士师妹：余亮亮、张燕旋等对我论文写作过程中给予的启发和鼓励。

感谢为自己梦想而奋战的挚友范硕博士、白占强博士后、黄志雄博士、蒋学洪博士、曾冰博士等。

最后感谢我的家人。感谢父母辜炳成和叶金明在艰难岁月仍送儿读书。感谢我亲爱的哥嫂辜江成和刘菊花，感谢永远最爱的姐姐辜清群、辜超群、辜建群、辜贵群、辜明群及我的姐夫夏明述、李根文、李明军、刘宏伟、杨玉书。

辜江南

2019 年 6 月 10 日于武汉大学博士后公寓